Birgit Virnich

# EIN FAHRRAD FÜR DIE FLUSSGÖTTER

Birgit Virnich

# EIN FAHRRAD FÜR DIE FLUSSGÖTTER

Reportagen aus Afrika

A1 Verlag

Madeira
Tunesien
Marokko
Kanarische Inseln
Algerien
Libyen
Ägypten
Westsahara
Mauretanien
Mali
Niger
Tschad
Eritrea
Senegal
Sudan
Gambia
Dschibuti
Guinea-Bissau
Burkina Faso
Guinea
Benin
Nigeria
Äthiopien
Sierra Leone
Elfenbein-
küste
Ghana
Zentralafrikanische
Republik
Liberia
Togo
Kamerun
Somalia
Äquatorialguinea
Inseln São Tomé
und Principe
Rep.
Kongo
Uganda
Kenia
Gabun
Demokratische
Republik Kongo
Ruanda
Burundi
Tansania
Komoren
Angola
Malawi
Mosambik
Sambia
St. Helena
Simbabwe
Madagaskar
Namibia
Botsuana
Swasiland
Südafrika
Lesotho

# Inhalt

## Vorwort
von Anne Will

Es liegt gut fünf Jahre zurück, dass ich das erste Mal in Schwarzafrika war. Seitdem ist viel geschehen, manche Erinnerung ist verblasst, aber eines ist mir erstaunlich präsent. Es ist das Gefühl, das ich vor dieser Reise hatte. Ich kann es immer noch mühelos wachrufen und es ist maßgeblich dafür, dass ich diese Reise als die bisher wichtigste meines Lebens verstehe.

Ich hatte Respekt. Mehr noch, es waren Anflüge von Angst. Denn ich konnte mir nicht vorstellen, was mich im Südsudan erwarten würde. Einem Land, das nach mehr als zwanzig Jahren Bürgerkrieg gerade erst zum Frieden finden wollte und doch so viel verloren hatte. Auch an Hoffnung, dass dieser Frieden halten könnte. Ich sollte als Botschafterin von „Gemeinsam für Afrika", einem Zusammenschluss von mehr als dreißig Hilfsorganisationen, einzelne Projekte im Südsudan besuchen und konnte nicht einschätzen, was das mit mir machen würde. Wie würde ich einem leprakranken Menschen begegnen? Wie Hungernden? Wie würde ich bürgerkriegsgeschundenen Kindern erklären, was eine Fernsehmoderatorin macht, wenn sie noch nie in ihrem Leben auch nur einen Fernseher gesehen haben?

Birgit Virnich kannte ich bis dahin aus mehreren Telefonaten, die wir geführt hatten, wenn sie einen Beitrag für die „ARD-Tagesthemen" machte und wir die Moderation absprachen. Persönlich begegnet war ich ihr nicht, aber sie war mir sympathisch und ich schätzte ihre Arbeit sehr. Mir waren ihre Filme als besonders behutsam und doch immer klar erzählt aufgefallen. Offensichtlich interessiert sie sich sehr für die Menschen, die sie folglich in den Mittelpunkt ihrer Arbeit stellt. Das belegt dieses Buch, von dem ich nicht weiß, ob sie damals überhaupt schon daran gedacht hat, es zu schreiben.

Es gibt verschiedene Typen von Reportern. Sie differieren in ihrer Haltung, in ihrer Herangehensweise an Themen und ganze Kontinente. Kurt Tucholsky unterscheidet zwischen horizontalem und vertikalem Journalismus. Der horizontale Reporter vergleicht das, was er sieht, mit dem, was er schon kennt, und bleibt dabei ziemlich unbeteiligt außen vor. Der vertikale Berichterstatter dagegen lässt sich unverstellt ein. Er sieht, riecht, hört und schaut zu, macht im Zweifel auch mal mit und erstattet dann weniger Bericht, er erzählt vielmehr.

Neununddreißig Länder Afrikas hat Birgit Virnich besucht. Von überall hat sie Geschichten mitgebracht, die sie zum Teil in diesem Buch erzählt. Sie führt zuweilen die „westliche Logik" ins Feld, die es uns schwer macht zu verstehen, warum sich so viele derer, die sie trifft, immer noch in die Hände obskurer Wunderheiler begeben. Sie ist dabei, als eine völlig verängstigte Elfjährige in einer merkwürdigen Prozedur geheilt werden soll, weil selbst ihre Mutter sie für eine gefährliche Kinderhexe hält. Birgit Virnich wahrt hier Distanz. Man lässt sie aber offensichtlich so nah dabei sein, dass sie all das beobachten kann.

An einer Stelle beschreibt sie, wie sie „unsichtbar" geworden ist mit der Kamera. Das Fernsehen verweigert sich dem vertikalen Journalismus eigentlich, denn es verändert beinahe jede Situation, wenn ein ganzes Kamerateam hinzukommt. Niemand ist vor der Kamera so unbedrängt natürlich, wie er es ohne Kamera wäre. Es sei denn, die Reporterin schafft es, die Kamera eben „unsichtbar" werden zu lassen. So gelingt es Birgit Virnich, den 17-jährigen Kindersoldaten

Kitenge aus dem Ostkongo zu begleiten, als der sich nach Jahren auf den Rückweg in sein Dorf macht. Und so cool er auch die Baseball-Kappe ins Gesicht zu ziehen versteht, so ängstlich und unsicher ist er, wie seine Familie ihm begegnen wird. Nach all den Jahren, in denen seine Angehörigen nicht wussten, ob er überhaupt noch lebte und wie ihn die Gewalt verändert, vielleicht sogar zerstört haben mochte.

Als ich erfuhr, dass ich bei meiner Reise durch den Südsudan Birgit Virnich treffen würde, die für die ARD über den Neuen Sudan berichten wollte, hat mich das erleichtert. Projektbesuche sind keine touristischen Reisen. Die Lage in der Region war instabil. Der Frieden konnte jederzeit wieder brechen. Dann wäre es für uns gefährlich geworden. Und so war auch die Grundstimmung der Menschen, die wir trafen, skeptisch und abwartend. Viele von ihnen hatten sich gerade erst wieder aus ihren Verstecken herausgetraut.

Auch die Frau, die wir gleich am ersten Tag in der Leprastation trafen. Eine Aussätzige. Als solche war man mit ihr umgegangen. Ihre eigene Familie hatte sie vertrieben und sie verstand das gut. Weil sie Lepra hatte, so dachte sie, würden ihre Töchter kaum je einen Mann finden. Das war ihre größte Sorge, deshalb war sie geflohen. Ihr fehlten zwei ganze und drei halbe Finger, sie schien bei Kräften, aber tieftraurig. Ich hielt ihre Hände.

Lepra ist eine einfach zu heilende Krankheit. Die einmalige Gabe eines Antibiotikums reicht aus und der Verlauf der Krankheit ist sofort gestoppt, der Mensch nicht mehr ansteckend. Das hatte man mir auf dem Flug dorthin erklärt. Insofern war es leicht für mich, die Menschen zu berühren. Und es war gut, denn ich verstand ohnehin nicht, was sie mir sagten, und der Übersetzer kam erkennbar auch nicht mit jedem Stammesdialekt zurecht. Einen Leprakranken anzufassen, heißt dann aber sehr viel. Man zeigt, wir halten dich nicht für aussätzig und du bist es auch nicht. Man sagt damit aber auch, du hättest all das nicht erleiden müssen, wenn man dir gleich geholfen hätte. Das hat mich wirklich traurig gemacht. Allerdings hatte ich den Eindruck, meine Blicke und Berührungen können dies der alten Frau auch vermitteln. Das werde ich nie vergessen.

Birgit Virnich nähert sich den Menschen unverstellt und zugewandt, sie behält die kritische Distanz einer Afrika-Korrespondentin und kann sich dennoch fortdauernd begeistern, wie viel Kraft, wie viel Überlebenswillen dieser Kontinent und seine Menschen haben. Es ist kein Zufall, dass sie überall, wo sie ist, Spielzeug sammelt – kleine Kunstwerke aus Müll. Doppeldecker aus weggeworfenen Getränkedosen oder Autos aus mühsam zurechtgebogenem Blech. Sie erschließt sich den Kontinent aus einer Subjektiven und ist doch in der Lage, aus dem Mikroeindruck auf das große Ganze zu schließen. Wer ihr dabei mit diesem Buch gedanklich folgt, wird ein neues Gefühl für Afrika entwickeln. Ich behaupte, es ist ein schönes, hoffnungsvolles Gefühl.

## Die Nase im Wind

### Eine Reise durch das Land der Baobab

Jeden Abend verwandelt sich der Strand an der Corniche, der Uferstraße von Dakar, in ein Fitnessstudio. Junge Senegalesen stemmen Gewichte, ziehen sich an Reckstangen hoch, zählen schwitzend ihre Liegestütze oder joggen über den Strand. Eine stinkende Blechlawine schiebt sich langsam von den Bürotürmen der Innenstadt kommend an ihnen vorbei bis in die wuchernden Vororte aus Beton, die sich wie ein Krebsgeschwür ausgebreitet haben. Die Slums entlang der Uferstraße sind den Bulldozern eines Baubooms gewichen, der so lange anhält, wie das Geld saudischer Finanziers reicht. Wie von Geisterhand entsteht hier unter riesigen Krakenarmen eine moderne Metropole.

Während Betonsäcke an uns vorbei durch die Luft schweben, geht der senegalesische Rapper Manu Diouf wippend in die Hocke. Noch etwas steif beginnt er seine Aufwärmübungen und gibt mir im Staccato-Stil die ersten Erklärungen zu seiner Musik. Der stämmige 28-Jährige ist einer der erfolgreichsten Rapper des Senegal. In ein paar Wochen will er mit seinem wütenden Rap über die Vorstadtghettos von Dakar auf Europatournee gehen. Doch vorher will er mir die Banlieues von Dakar zeigen. Ich soll die Perspektivlosigkeit der jungen Senegalesen spüren und ihre Frustration verstehen. Zwei Wochen lang werde ich mit ihm durch den Senegal reisen, um zu begreifen, warum so viele seiner Landsleute das Paradies in Europa suchen.

„An dieser Küste wurden früher die Sklaven in die neue Welt verschifft und mit ihnen ihre Musik und ihr Sprechgesang, der Tassu. Sein Erbe, der Rap, ist nun hundert Jahre später aus Amerika zu uns zurückgekehrt, als Sprache der Freiheit. Und diese Freiheit müssen wir hochhalten, das sind wir unseren Vorvätern schuldig", erklärt Manu und schaut nachdenklich übers Meer. „Europäer können sich überall frei bewegen. Wir müssen Einladungen und Genehmigungen vorweisen, wenn wir nach Europa wollen, oder uns wie unerwünschter Müll an ihre Küsten anschwemmen lassen."

Manu war schon länger nicht mehr an der Corniche. Er ist zum Islam konvertiert und hat nächtelang den Koran gelesen, sich zum Poeten gebildet. Mit dem Trinken und den Drogen hat er Schluss gemacht, denn das verbietet das heilige Buch. Wahre Höhenflüge hat er nach eigenen Aussagen beim Lesen erlebt. Er hat ebenso Voltaire, Rabelais und Sartre verschlungen wie die Poesie des Dichters und früheren senegalesischen Präsidenten Léopold Senghor, der wie Manu in dem kleinen Fischerdorf Joal-Fadiouth geboren ist. Und außerdem hat er die Musik junger Muslime aus aller Welt gehört – Rockmusik aus dem Libanon und Syrien, Ska aus Istanbul, amerikanischen Rap, afghanischen Funk und HipHop aus Indonesien. Wie diese Musiker will auch Manu mit moderner, urbaner Musik die Idee einer antikapitalistischen muslimischen Utopie in die Welt hinaustragen und sich seine Wut über die verlorene Generation junger Senegalesen, die in Graffiti besprühten Hinterhöfen herumlungert, von der Seele schreien.

„Ich habe es satt, den braven Afrikaner mimen", keucht er zwischen seinen Klimmzügen in die Kamera. „Die Reichen müssen den Armen helfen." Der Islam sehe einen Sozialstaat vor, und dafür wollen die Straßensoldaten, die Rapper aus den Banlieues von Dakar, kämpfen. Das sei das höhere Ziel des Islam. „Die Amerikaner können sich das nur schwer vorstellen", meint Manu aufgebracht. „Jahrelang haben sie alle Muslime als Extremisten abgestempelt und unter Bush zum Kreuzzug gegen den Islam aufgerufen."

Als Stipendiat in St. Louis in den USA hatte er das am eigenen Leib erfahren. Die Grenzbeamten seien ausgerastet, als sie in seinem Koffer islamische Literatur, einen Gebetsteppich und seine religiöse Perlenkette entdeckten. Manu greift zum Handtuch, um sich den Schweiß abzutrocknen. „Dabei ist der schwarzafrikanische Islam generell tolerant, außer vielleicht im Norden Nigerias oder in Somalia."

In Manus Familie haben Christentum und Islam jahrzehntelang unter einem Dach gelebt. Sein Vater ist Christ, seine Mutter Muslimin. Wie viele junge Westafrikaner, die in der Religion Zuflucht suchen, sieht Manu den Islam als eine Reformbewegung gegen die wirtschaftliche Perspektivlosigkeit.

Am Strand stemmen die jungen Leute Gewichte, jonglieren Bälle und schütten sich lachend Wasser über den Kopf. „Wenn man sich Afrika auf der Landkarte anschaut, dann ragen die Klippen von Dakar wie die Nase des Kontinents ins Meer", erklärt Manu zwischen einigen Seilsprüngen. „Gambia ist der Mund in diesem stolzen afrikanischen Gesicht und wir Senegalesen sind die Nase. Wenn es den Menschen im Kongo schlecht geht, dann kriegen auch wir einen Schnupfen. Wir sind das Sprachrohr für die Jugend Afrikas. Wir haben die Nase immer im Wind und bekommen alle Entwicklungen auf diesem Kontinent als Erste mit, von der Sklaverei bis zur Globalisierung."

Manu deutet auf den unter uns liegenden Strand, wo die ersten kleinen Feuer angezündet werden. „Jeden Abend legen dort Boote ab, mit Kurs auf die Kanaren." Heute ist es zwar sehr stürmisch, doch selbst der starke Wind wird die Flüchtenden nicht abhalten. Unterhalb der Klippen, nicht weit von hier, wo früher die großen Sklavenschiffe ablegten, brechen sie in kleinen Holzpirogen zu ihren selbstmörderischen Fahrten über den Atlantik ins vermeintliche Paradies Europa auf. Frustrierte Fischer, Handwerker oder Akademiker, die keine Chance haben, einen vernünftigen Job zu finden. Die meisten sind besessen von der Idee, sich eines Tages ein Haus am Stadtrand von Dakar zu bauen, wie all die anderen „Moudou-Moudou", Senegalesen, die im Ausland arbeiten und Geld in die Heimat schicken.

„Mit meinen Songs versuche ich sie davon abzuhalten", erklärt Manu. Doch viele sind verzweifelt und zu stolz, um tatenlos zuzusehen, wie sie von internationalen Flottenverbänden, die den Atlantik leer räubern, zum sinnlosen Herumlungern verdammt werden. „Lieber riskieren sie draußen auf dem Meer ihr Leben." Die Entwicklung ist kaum noch aufzuhalten. Gegen die riesigen schwimmenden Fabrikanlagen haben die Fischer Westafrikas keine Chance. Hier versteht man, warum sich somalische Fischer an der Ostküste Afrikas als Piraten gegen den räuberischen Abbau ihrer Fischgründe zur Wehr setzen. Ruinierte Fischer verkaufen ihre Boote an Schlepper oder werden selbst zu welchen. Viele der sogenannten „clandestines" kommen in den rauen Stürmen des Atlantiks um.

Die jungen Sportler, die allabendlich an der Corniche trainieren, bewundern Manu. Gespannt horchen sie auf seine Textfetzen, wenn er beim Hieven der Gewichte vor sich hin murmelt. Sie bewundern den Wortakrobaten, der in seinen Songs über das Leben im Vorstadtghetto mit der senegalesischen Landessprache Wolof, mit Französisch und Englisch jongliert. Manu hat viel an diesen Texten gearbeitet. Immer schärfer werden seine Angriffe. Vor Jahren sorgte er für landesweite Schlagzeilen, als er es wagte, einen bestechlichen Marabout, einen religiösen Führer, zu beschimpfen, der seine Anhänger dazu bewegen wollte, für den damaligen Präsidenten zu stimmen. „Seitdem ist klar, dass wir die einzige Opposition im Land sind“, sagt Manu stolz. „Wir sind die Einzigen, die die Regierung auffordern, für Arbeitsplätze und moderne Fabriken in Dakar zu sorgen, statt aus Europa zu importieren und in die eigene Tasche zu wirtschaften. Unserer Regierung gefällt es nicht, dass wir über die Probleme im Land singen.“

Der Name seiner Rap-Gruppe „Wa BMG 44“ ist den senegalesischen Soldaten gewidmet, die im Zweiten Weltkrieg in der französischen Armee gegen die Nazis kämpften und dann bei einem Aufstand in Thiaroye im Norden Dakars von den französischen Kolonialherren umgebracht wurden. Sie hatten den Lohn für ihren Einsatz gefordert und wurden kurzerhand hingerichtet. Die Soldaten, die überlebten, bekamen nie irgendeine Wiedergutmachung, geschweige denn eine Rente. Die Großväter einiger seiner Freunde schauen noch heute völlig verbittert auf ihren damaligen Kriegseinsatz. „Wa BMG 44“ zählt zu den bekanntesten Rap-Gruppen im Senegal und wurde mehrmals ausgezeichnet. Seitdem versöhnt sich auch Manus Vater langsam mit der Berufswahl des ältesten Sohnes.

Geld verdient Manu nur auf seinen Tourneen durch kleine Clubs in Belgien, wo er über die Chancenlosigkeit junger Afrikaner in den Städten singt. Dort hat er auch seine Freundin Lieve kennengelernt, die als DJ in belgischen Clubs arbeitet und ihn gerade in Dakar besucht. Im Senegal tritt er in schäbigen Vorstadtclubs, verstaubten Garagen oder heruntergekommenen Schulgebäuden vor einem harten Kern treuer Fans auf, die ihr Leben finanziell nur mit Ach und

Krach meistern. „Im Senegal brauchst du Geld, um einen Job zu bekommen, oder einen Onkel in gehobener Position, der dir einen zuschustert“, klagt er. Der Sog der Flüchtlingswelle hat im Senegal und in Mali in all den Jahren Tausende in ihren Bann gezogen. Jeder Senegalese kennt jemanden, der versucht hat, sich abzusetzen, oder mit dem Gedanken spielt. „Es ist wie ein Virus. Aber meine Appelle werden die wirklich Verzweifelten nicht aufhalten“, meint er lakonisch.

Der Wind weht Manus in fließendem Rhythmus gesprochene Worte zu den Gewichthebern hinüber. Sofort klatschen sie zwischen ihren Liegestützen den Takt, als ob sie Witterung aufgenommen hätten. Manus Lieder gegen den korrupten Staat und den Massenexodus kennt hier jeder. Die Jungs vom Strand sind seine treuesten Anhänger.

Am nächsten Morgen muss Manu schon früh raus. Er ist auf dem Marché Sandaga mit einem Musikhändler verabredet, um über ein besseres Vertriebssystem für seine CDs und Kassetten zu sprechen. Im Windschatten von Manu schieben wir uns mit unserer Kamera durch die Menschenmenge auf dem größten Markt Westafrikas, vorbei an gefälschten Designerklamotten „Made in China“ zum Stand von Monsieur Gadiaga. Der Moslem ist ein großer Fan des Straßendichters Manu. Seine Regale sind vollgestopft mit den unterschiedlichsten Kassetten. Mittendrin thront der feingliedrige Musikkenner auf einem alten Holzstuhl. Innig umarmen sich die beiden.

Manu überreicht dem Mann in dem weißen Boubou seine neuesten Stücke auf CD, während dieser seine Füße fürs Freitagsgebet wäscht. Monsieur Gadiaga hält Manu für einen großen Musiker und einen noch viel größeren Dichter. „Diese Musiker erweisen uns einen großen Dienst, weil sie über die Missstände in unserer Gesellschaft singen. Wie früher die Griots, die Barden im alten westafrikanischen Königreich, konfrontieren sie uns mit unbequemen Wahrheiten. Sie sind unsere Philosophen, denen keine Schweinerei der Politiker entgeht", meint Monsieur Gadiaga und strahlt Manu an.

Dennoch kann auch er ihm wenig helfen. Nur wenige der Rap-Gruppen können von ihrer Musik leben. Zwar schickt Monsieur Gadiaga unermüdlich seine jungen Straßenhändler mit Sporttaschen voller Kassetten und CDs durch die Stadt, doch viele Fans können sich Original-Kassetten gar nicht leisten. Zahlreiche Raubkopien sind im Umlauf, auch in den Nachbarländern Mali, Gambia und Guinea.

„Inshallah", sagt Monsieur Gadiaga, „Gott hat diese Musiker reich mit Talenten beschenkt. Sie werden sich ihren Weg in die Zukunft bahnen." Amerikanische Rapper hingegen hält Monsieur Gadiaga für Maulhelden. „Sie reden über das Mutterland Afrika, aber sie haben keine Ahnung, was es heißt, hier chancenlos aufzuwachsen", meint er und lässt dabei seine schwarze Perlenkette durch die Finger gleiten.

Auf dem Rückweg durch die Banlieues erzählt uns Manu von seinem Entschluss, alles dafür zu tun, aus dem Dreck herauszukommen. Thiaroye, der „Bastard" von Dakar, ist ein Stadtteil, der in den 60er-Jahren in den Sanddünen vor der senegalesischen Hauptstadt am äußersten Zipfel Westafrikas, an der Nasenspitze des Kontinents, entstanden ist. In seiner Kindheit waren die Sozialwohnungen begehrt, heute stinkt es in den Fluren und Fahrstühlen unerträglich. Achtzig Prozent der Menschen hier sind arbeitslos, die Kriminalitätsrate ist extrem hoch.

In der wuchernden Betonwüste, die irgendwo anfängt und nirgendwo aufhört, ist Manu aufgewachsen. Seine Eltern hatte die Dürre im Sahel hierhergetrieben, wie Tausende andere. Heute leben dort zwei Millionen Menschen, doch richtige Straßen gibt es noch immer nicht. In überfüllten Hinterhöfen tummeln sich die polygamen Familien und in den Gassen lungern arbeitslose Jugendliche herum. Manus Eltern haben den Absprung nie geschafft.

Aus dem Wohnzimmer seiner Schwester kommt uns fröhliches Kichern entgegen. Eng aneinandergeschmiegt, versinken seine Schwester und Manus Freundin Lieve in dicken Kunstledersesseln vor dem Fernseher. Die beiden jungen Frauen unterhalten sich über die neuesten Musikvideos im französischen Fernsehkanal TV5. Beide sind damit aufgewachsen. Manus Eltern waren die Ersten im Viertel, die sich einen kleinen Fernseher anschafften. Paris ist nur fünf Flugstunden von Dakar entfernt, und Manu und seine Schwester erleben die Nähe zu Frankreich seit ihrer frühen Kindheit. Aber sie kennen auch die verbitterten Berichte ihres Großvaters über den Verrat der Franzosen an den senegalesischen Soldaten.

Die 24-jährige Lieve war bereits oft im Senegal. Sie scheint in beiden Welten zu Hause zu sein, anders als die Romanfigur Mireille im Klassiker „Der scharlachrote Gesang“ von Miriama Bâ, der Grande Dame der senegalesischen Literatur. In dem Roman, den ich als Vorbereitung auf meine Reise durch den Senegal gelesen habe, heiratet eine junge französische Diplomatentochter ihren senegalesischen Mitschüler Ousman. Doch sie zerbricht an der Ablehnung seiner Familie und der traditionellen afrikanischen Gesellschaft der 70er-Jahre. Mit aufdringlichen Besuchen mischt sich die afrikanische Familie in das Eheleben der beiden Liebenden. Der Romanheld Ousman nimmt sich am Ende auf Drängen seiner Mutter eine afrikanische Zweitfrau. Die französische Ehefrau sieht das als Verrat.

Manu und Lieve dagegen sind Weltbürger. Sie nehmen sich das Beste aus beiden Kulturen und ihre gemeinsame Sprache ist die Musik.

Manu drängt zum Aufbruch, er muss zum Soundcheck. Keine große Bühne, sondern die Aula einer Schule wartet auf ihn. Wir hasten durch die nummerierten Straßen von Thiaroye, vorbei an ausgebrannten Schrottautos, herrenlosen Reifen und Plastikfetzen, die sich in mannshohen Drahtzäunen verfangen haben. In diesem riesigen Open-air-Atelier regieren die Rapper und Graffitikünstler. Manus Rap-Partnerin, die schöne 23-jährige Fatima Pulho Sy wartet schon in einem Café auf uns. Ich hätte sie inmitten der Männer, noch dazu Karten spielend, zunächst gar nicht vermutet. Als sie uns sieht, drückt sie ihre Zigarette aus. Ein klares Signal. Unser Gespräch kann gleich beginnen. Auf blöde Journalistenfragen habe sie allerdings keinen Bock, so viel vorab.

„Jede zweite Senegalesin teilt sich ihren Mann mit einer anderen Ehefrau. Nur wagt es keiner, darüber zu schreiben", erklärt Fatima und mustert mich prüfend mit ihren tiefgrünen Augen. Das könne nicht im Sinne einer Religion sein. Aber sogar studierte Musliminnen fänden sich damit ab, meint sie. Selbst mit der eigenen Mutter könnten sie bis heute nicht darüber reden. Es habe ihrer Mutter das Herz gebrochen, als ihr Vater im hohen Alter noch eine blutjunge Zweitfrau nahm. „Wie konnte er das tun?", fragt sie wütend. „Sie verabscheute ihn dafür, aber sie hat sich gefügt."

Das Thema ist ein gesellschaftliches Tabu. Mit ihren Texten gegen die Polygamie eckt die schöne Fatima an. Dabei führt sie das Werk von Miriama Bâ fort, die Ende der 70er-Jahre in ihrem ersten Roman die Empörung einer alternden Ehefrau über die Heirat ihres Mannes mit einer blutjungen Zweitfrau zum Ausdruck brachte.

„Senegalesische Männer verteidigen ihr Recht auf mehrere Frauen mit Zähnen und Klauen", sagt Fatima. „Viele, die ihre Arbeit als Fischer und damit ihr Selbstwertgefühl verloren haben, versuchen, sich mit einer weiteren Frau Respekt zu verschaffen. Völlig absurd!", schimpft sie.

Ihre Wut darüber sei so groß, dass sie angefangen habe, Texte zu schreiben. In ihren Liedern fordere sie die Frauen auf, sich nicht alles bieten zu lassen. Und als sie das erste Mal über Lesben gesungen habe, seien die Mädchen im Publikum völlig schockiert gewesen. „Jetzt kichern sie allenfalls“, meint sie grinsend. „Frauen haben sich in Afrika immer untergeordnet, deswegen fällt es afrikanischen Männern schwer, sie als gleichberechtigt zu akzeptieren.“ Doch damit sei jetzt Schluss, behauptet die selbstbewusste Frau und wendet sich wieder ihrem Kartenspiel mit den Jungs aus den Banlieues zu. Das wolle sie schnell noch zu Ende bringen, bevor sie auf die Bühne müsse. Früher wäre es undenkbar gewesen, dass eine Frau bei den Männern sitzt und noch dazu Karten spielt. „Das könnt ihr ruhig drehen“, ruft sie mir und der Kamerafrau lachend zu.

Erste Klangfetzen von Manus Soundcheck dringen zu uns herüber. Im Abendlicht wartet bereits eine Traube gestylter Kids vor der Schule. Hier draußen gilt Manus Musik wie der Aufschrei einer ganzen Generation junger Afrikaner. Er spricht genau die Dinge an, die sie quälen: die hohen Schulgebühren und die Arbeitslosigkeit. Manus Songs vom Zerfall der Familie sind ihre Geschichten.

Die Fans toben und jubeln begeistert, als Manu und Fatima ihre Anklagen an den globalen Kapitalismus herausbrüllen. „Unsere Musik ist wie ein Elektroschock, der einen Patienten wiederbeleben soll“, erklärt Manu nach dem Konzert erschöpft, aber zufrieden hinter der Bühne. „Meine Musik soll die Menschen nicht nur zum Träumen bringen. Ich will mit meinen Texten provozieren und die Menschen aufwecken.“

Bei den letzten beiden Präsidentenwahlen haben Rapper auf diese Weise Jungwähler an die Urnen getrieben. Erstmals mussten senegalesische Politiker erleben, dass sie öffentlich zur Rede gestellt und als „Politichiens“, Politikhunde, beschimpft wurden.

Am nächsten Tag brechen wir erneut früh auf. Manu will vor seiner Europareise seine Familie im Fischerdorf Joal-Fadiouth südlich von Dakar besuchen. Er will uns auf diese Reise mitnehmen, uns sein Land zeigen und uns verständlich machen, warum er zum Islam konvertierte. Schon bald liegt die moderne Metropole Dakar weit hinter uns.

Wir besuchen einen Baobabwald südlich von Dakar. Inmitten der dickbäuchigen Affenbrotbäume scheint die Zeit stehen geblieben zu sein. „In diesem alten Baobabhain leben die Baumgeister noch heute", flüstert uns der Baobab-Wächter Samba zu. Der Wächter, der mit seiner großen Hakennase wie ein Adler aussieht, führt uns tief in den Wald hinein. Jeder einzelne Baum gleicht mit seinen knorrigen Ästen einem Menschen: schwerleibige, feiste alte Herren, umrankt von wiegenden, graziösen Tänzerinnen und fülligen, runzeligen Damen. Die mächtigen Baobabs ragen in der kargen, endlosen Weite kraftvoll in den Himmel. Nur sie können dem ausgedörrten Boden genug Wasser abringen und es in ihren dicken Bäuchen speichern. Es grenzt an ein Wunder, dass sie in dieser trockenen Landschaft überleben. Sie trotzen der Kargheit wie diese junge Generation von Senegalesen.

In seinem blattgrünen Boubou stellt sich Samba unter einen der Baumriesen, in dem Hunderte von Gebeinen gefunden wurden. „Die Affenbrotbäume sollen sich wie von Gespensterhand geöffnet haben, wenn der Leichnam eines Griots in ihnen beigesetzt wurde", erklärt er uns ruhig. „Die Schattenseelen der Musiker schweben noch heute über dieser magischen Grabstätte. Wenn man verharrt, kann man ihre Seelen spüren." Manu wirkt wie verzaubert. Der Rapper fühlt sich den Griots verbunden und würde alles dafür geben, hier eines Tages beigesetzt zu werden.

In diesem Hain gaben die Griots ihre Geschichten von Generation zu Generation weiter, erzählt Samba. „Diese

Barden konnten ganze Völker in den Krieg treiben, aber auch den Ruf eines Herrschers ruinieren. Es gab Griots, die haben in ihren Geschichten den König mit einem Löwen verglichen und die Menschen mit Kaninchen, die den stolzen Löwen besiegen, nur um dem König durch die Blume zu sagen, dass er vielleicht mit mehr Sanftmut und Intelligenz regieren sollte. Die Griots waren die einzigen Menschen, die dem König die Wahrheit sagen durften, ähnlich wie die Rapper heute. Sie haben das Wissen einer ganzen Epoche gesammelt wie Chronisten, und wenn einer starb, dann wurde es mit ihm ausgelöscht, als ob eine Bibliothek niedergebrannt wäre." Mittlerweile wirft Samba in der roten Abendsonne lange Schatten und wirkt selbst wie ein Geist, als Manu ein altes Lied über die Heldentaten der Griots anstimmt.

Am folgenden Tag erreichen wir die Insel Fadiouth. Das im Glanz der Nachmittagssonne liegende Fischerdorf Joal-Fadiouth ist ein katholischer Wallfahrtsort. Seit Jahren war Manu nicht mehr hier. Nun steht er an der langen Holzbrücke, die quer über die Lagune nach Joal führt. Nachdenklich starrt er auf das große rote Kreuz an der alles überragenden katholischen Kirche auf der anderen Seite der Lagune. Als kleiner Junge ist er in der St. Francois-Xavier-Kirche, einem modernen, kantigen 70er-Jahre-Gebäude, zur Kommunion gegangen. Jetzt kehrt er als Muslim zurück. Er sei unendlich aufgeregt, flüstert er mir zu. All seine Ängste würden wieder in ihm hochsteigen. Er fühle sich wie ein Verräter. Doch dann sammelt er augenscheinlich seine Kräfte und schreitet als Muslim über die alte Holzbrücke auf die katholische Insel der Glückseligen.

Christen leben in dem mehrheitlich muslimischen Land fast nur an der Küste, dort, wo europäische Missionare einst vom Meer kommend ausschwärmten. Auf der Brücke reißen uns junge Verkäufer aus unseren Gedanken. Lauthals preisen sie Osama-Bin-Laden-T-Shirts an. Manu lächelt. In den Vororten von Dakar sind diese T-Shirts angesagt. So bringen senegalesische Jugendliche ihre Kritik an der Weltmacht Amerika zum Ausdruck. Manu ist überrascht, sie auch hier in diesem verschlafenen Nest zu sehen. „Irgendwann kann man dem großen Konflikt zwischen den Religionen nirgends auf der Welt mehr entrinnen", meint er lapidar. „Die Jungs wollen provozieren. Echte Islamisten würden solche T-Shirts nie tragen, sondern traditionelle Kleidung."

Aus dem kleinen Fischerdorf mit seinen lebensgroßen Holzstatuen katholischer Heiliger ist längst eine Pilgerstätte geworden. Hier soll den Fischern einst die Jungfrau Maria erschienen sein. „Auch wenn die meisten hier streng katholisch sind, ihren traditionellen animistischen Glauben haben sich viele bewahrt." Manu kann sich noch genau daran erinnern, wie er mit seinen Großeltern zu den alten Baobabs ging, um den Ahnen ein Opfer zu bringen, wenn die Trockenzeit kein Ende nehmen wollte. „Und meistens ließ der Regen dann auch nicht mehr lange auf sich warten." Bis heute glauben die Leute im Dorf an die Kraft der Baobabs, die das Dorf schützen. Und trotzdem gehen sie in die Moschee oder in die Kirche.

Wir ziehen durch die engen Gassen vorbei an den kleinen Steinhäusern und den freilaufenden Schweinen von Joal-Fadiouth, die Manu als kleiner Junge gerne durchs Dorf jagte. Noch während er laut darüber nachdenkt, wie er seiner Tante Louise beibringen wird, dass er als Muslim nun kein Schweinefleisch mehr isst, fällt sie ihm mit breitem Lachen um den Hals. Die Familie hat schon auf ihn gewartet. Die Wiedersehensfreude ist groß. Tränen fließen, als Manu ihnen erzählt, dass man ihn in Dakar zum besten Rapper des Jahres gekürt hat. Eines Tages wollen sie zu einem seiner Auftritte kommen, beteuert Tante Louise, doch

Manu weiß, dass sie das Großstadtgewühl von Dakar scheuen. Die Düfte aus der Küche sind für Manu wie ein Ausflug in die Kindheit. Hammelfleisch, Okraschoten in Tomatensoße und Couscous. Er ist erleichtert, kein Schweinefleisch.

Draußen im Hof stimmen die Freundinnen seiner Tante in ihren wallenden Gewändern die alten Lieder vom Sklavenhandel und von den Aufständen der Senegalesen gegen die Franzosen an. Diese Rhythmen, die er früher auf Hochzeiten, Taufen und Beerdigungen hörte, nutzt Manu heute in seinen Stücken wie auch den Sprechgesang, den Tassu.

Manu lässt es sich nicht nehmen, wie früher mit seinem Onkel zum in der Dorfmitte gelegenen alten Palaverhaus zu ziehen. Dort spielt Onkel Paul, ein Dorflehrer, fast täglich mit den Männern Karten. Voller Bewunderung hören sich die Männer Manus Schilderungen über das ferne Dakar an. „Ein Rapper, was ist denn das?“, wollen sie wissen. „Einer dieser neuen, modernen Berufe, die alten taugen ja nichts mehr“, mutmaßen sie. Die meisten Fischer in Joal-Fadiouth sind mittlerweile arbeitslos, so wie überall in den kleinen Dörfern entlang der Küste. „Der Fischfang rentiert sich kaum noch“, klagen sie. „Es lohnt sich einfach nicht mehr rauszufahren.“

Stolz führt der Onkel uns durch das verwinkelte Fischerdorf mit seinen kleinen windschiefen Häusern. Neugierig steckt Manu seinen Kopf in die vielen Verkaufsbuden mit ihren Heiligenbildchen und anderen Devotionalien. Überall erleben wir das gleiche Ritual: ein Glas des traditionellen Pfefferminztees, ein kleiner Plausch und Manu muss immer wieder seine Erfolgsgeschichte erzählen. Staunend stehen seine ehemaligen Schulfreunde vor ihm. Sie würden alles geben, sich im modernen Moloch Dakar durchzusetzen.

Auf der durch eine Brücke mit Joal verbundenen Friedhofsinsel liegt Manus Großvater begraben. Baobabs umsäumen die Insel, als hielten sie Totenwache. Über Jahrhunderte haben die Bewohner von Fadiouth Austern und Muscheln aufgetürmt, sodass die Toten in hohen Hügeln aus sonnengebleichten Muschelschalen ruhen. Manus Großvater war der Erste in der Familie Diouf, der sich von französischen Missionaren taufen ließ und dann auf eine Missionarsschule ging. Vor allem auf dem Land war das die einzige Chance, die Schule zu besuchen, und die brachte der Familie Diouf prompt den sozialen Aufstieg.

In dem Meer aus weiß gestrichenen Holzkreuzen mit katholischen Namen befindet sich auch eine Reihe muslimischer Gräber. Die wenigen Muslime in Joal-Fadiouth werden neben ihren christlichen Brüdern beigesetzt. Christen und Muslime laden einander zu ihren Taufen, Beerdigungen und zu allen anderen religiösen Festen ein. Und wenn die Moschee im Nachbarort ein neues Dach braucht, dann machen die Christen in Fadiouth eine Kollekte.

Dieses Gemeinschaftswerk von Christen und Moslems, die glänzende Kuppel der Moschee im Nachbarort Dionewar, will uns Manu unbedingt zeigen. Dionewar liegt auf einer Insel im Delta des Sine-Saloum. Auf tausendfach verästelten Wasserstraßen gleiten wir in einer Piroge durch die Mangroven.

Manu will in der Moschee beten, die er als Kind mit seiner Mutter oft besucht hat. Das Dorf wirkt wie ausgestorben. In der Moschee sammeln sich bereits die Gläubigen zum Freitagsgebet. Die Fischer aus der Umgebung haben ihre Pirogen an Land gezogen, Beamte ihre Schalter und Büros geschlossen. Ab mittags läuft hier nichts mehr. Selbst die Schulen haben um 12 Uhr den Unterricht beendet.

Früher hat Manu mit seiner Mutter im Seitenschiff bei den Frauen gesessen, die wie überall im Senegal unverschleiert sind. Nun reiht er sich erstmals bei den knienden Männern ein. Er wirkt erleichtert, als würde eine schwere Last von ihm abfallen. Manu strahlt, als er aus der Moschee kommt. Seit seiner Konvertierung habe er davon geträumt, in diesem weiß getünchten Gebäude zu beten.

„Hier draußen auf dem Land leben die Menschen noch im Sinne ihrer Religion", meint er. „Sie haben eine tiefe Liebe zu Allah, das gibt ihnen Halt im Leben. Deshalb strahlen sie diese Standfestigkeit und einen Frieden aus, der keinen Hass zulässt." Manu empfindet die Religion als Gegenpol zur Politik. „Ich glaube, ich habe meinen Frieden gefunden. Der Koran gibt mir Kraft, die Missstände zu erkennen, die ich dann in meinen Texten aufgreife."

Als wir auf dem Rückweg nach Dakar durch die Salzebene von Palmarin fahren, vorbei an Baobabs, erzählt mir Manu, wie er als Kind seine Großeltern in die Baobabhaine begleitete und dort die Magie der afrikanischen Geisterwelt erlebte. Später nahm ihn sein Vater mit in die Kirche und er lernte das Gefühl kennen, im Gesang katholischer Psalme eins zu werden mit einer übersinnlichen Kraft. Die Wärme, die beim Gebet in der Moschee durch alle Fasern seines Körpers floss, wenn er dort mit seiner Mutter hockte, spürt er noch heute. „Ob Naturritual, Koran oder Bibel, sie alle drücken dasselbe aus, den Glauben an eine Kraft, die größer ist als wir Menschen", sagt Manu und schaut gedankenverloren in die Ferne.

Gemächlich geht der glühende Feuerball im Meer unter, als wir Dakar erreichen. Die Küstenabschnitte Westafrikas wurden nach ihren Produkten benannt. Neben Ghanas Goldküste gab es die Elfenbeinküste, die Gummiküste Liberias und im Senegal die Sklavenküste. In der Ferne liegt die Insel Gorée mit ihrem Sklavenhaus, ein in Stein gehauenes Symbol eines Aderlasses, von dem sich Westafrika nie erholt hat. Insgesamt wurden zwischen 10 und 60 Millionen Afrikaner in die Sklaverei verkauft. Über die genaue Zahl streiten Historiker noch heute. Manu hat auf dem Höhepunkt seiner inneren Rebellion viel darüber gelesen. „Auf der Insel wurde das schwarze Elfenbein sortiert wie Maniok oder Linsen", sagt er zynisch.

Genau in dem Moment, als den Sklaven ihre Heimat genommen wurde, konnten sie an der „Tür ohne Wiederkehr" im Sklavenhaus von Gorée in die Unendlichkeit des Meeres schauen. Ihre Schreie der Verzweiflung auf der steinernen Rampe waren verhallt, als sie von den Händlern auf die Galeeren gestoßen wurden. „Wir können uns kaum vorstellen, wie sie gelitten haben", sagt Manu. „Doch ihre Musik und einen Teil ihrer Kultur haben sie mitgenommen und das müssen wir feiern."

Nichts im Ozean deutet auf diese menschliche Tragödie hin. Und genauso hütet er auch jetzt wieder das Geheimnis der vielen tausend Flüchtlinge, die sich hier nachts aus Verzweiflung dem Meer anvertrauen. Auch sie hören wir nicht, wenn sie der Ozean in die Tiefe zieht.

## Fliegen wie die Vögel

### Die Kinderhexen von Kinshasa

Den ganzen Morgen schon dröhnen die Trommeln aus der kleinen Kirche im engen Häusermeer von Njili rund um den Flughafen von Kinshasa. Immer wieder schwillt der dumpfe Klang an und erreicht seinen Höhepunkt, wenn sich die hagere, alte Priesterin in ihrer Geisterbeschwörung in Ekstase versetzt. Mit ihren knochigen Fingern drückt sie Raphael, einem verschreckten, schmalbrüstigen Jungen, fast die Augen aus und mit ihnen den bösen Blick. Im nächsten Moment schnellt sie wie ein Pfeil nach vorne, springt in die Menge und bedrängt die eingeschüchterte Gemeinde mit lauten Schreien und Ausmalungen des Bösen. Dabei tanzt sie wie eine Krähe um den schluchzenden Jungen und badet genüsslich im Gebrabbel der inbrünstig Betenden. Wie in Hypnose krächzt sie, feuert ihre Schäfchen an, wann immer der sonore Klagegesang in sich zusammenzufallen droht.

Nur mit der geballten Energie der gesamten Gemeinde könne sie den Geistern diese kleine Kinderseele wieder entreißen, erklärt sie mir später. Im Körper des achtjährigen Raphael habe sich ein besonders hartnäckiger Dämon eingenistet, der den Jungen in den Wahn treibe, bis er sich mit Schaum vor dem Mund auf dem

Boden krümme. Entgeistert schaue ich sie an. Der Mutter fließen die Tränen über die Wangen. Ihre schlimmsten Befürchtungen haben sich bestätigt. Raphael ist ein Hexenkind. Er ist von Geistern besessen. Seit Wochen zerreißen sich die Nachbarn das Maul über die epileptischen Anfälle ihres Sohnes. Die mahnenden Stimmen, die ihr empfohlen hatten, zum Arzt zu gehen, waren ertränkt worden im Chor der Zeternden, die sie in die Arme der Priesterin getrieben hatten.

„Unsere Gesellschaft ist krank und voller Dämonen", wettert die Exorzistin und redet auf die Mutter ein. „Das Böse sucht sich die Schwächsten der Gesellschaft."

Schon lange hatte die zierliche Mutter den Verdacht gehegt, der achtjährige Bettnässer sei ein Hexenkind. Nun besteht für sie kein Zweifel mehr: Die von Raphael eingeschleppten Geister stiften Unfrieden zwischen ihr und ihrem Mann, der sich nachts herumtreibt und vor den Alltagsproblemen davonläuft. Die ganze Malaise der Familie, die ständige Geldnot, der kaputte Kühlschrank und die feuchten Wände lastet sie nun den Geistern an.

Der Fluch, der auf der Familie laste, müsse ausgemerzt werden, erklärt die Priesterin und schleudert dabei ihre strähnigen, schwarzen Haare aus dem Gesicht. Es dürfe keine Zeit verloren werden. Nächsten Sonntag solle die ganze Familie wiederkommen und ein Huhn mitbringen. Raphaels gottesfürchtige Mutter wird sich das Honorar vom Munde absparen, in der Hoffnung, den Seelenfrieden der Familie zurückzuerlangen. Vielleicht kann sie ihre Ehe ja auf diesem Weg noch retten.

Die Hexenaustreibungen finden im Halbstundentakt statt. In den überfüllten Kirchenbänken sitzen dreißig, vierzig zusammengesunkene, stöhnende Gestalten, die geduldig auf die Zuwendung der Priesterin warten. Es sind überwiegend Alte und Kranke, die sich in ihrer Hilflosigkeit der geldgierigen Teufelsaustreiberin anvertrauen. Zwischen ihnen sitzen verängstigte Kinder, die von ihren Eltern ins Wartezimmer der Exorzistin getrieben wurden. Eindringlich werben die Helfer der Priesterin für das Ritual, das – je nach Schwierigkeitsgrad – zehn bis dreißig Minuten dauert. Innereien, Federvieh, herrliche Mangos und selbst Ersatzteile für Autos landen auf dem Opferaltar der Geschäftsfrau und werden lautlos von den Gehilfen weggeräumt. Madame La Révérende will sofort bezahlt werden, anschreiben kann hier keiner. Auch wir als deutsches Kamerateam aus Nairobi mussten, um geduldet zu werden, ein paar Hühner abliefern und beteuern, dass wir ihr mit unserer Kamera nicht in die Quere kommen.

Als Nächstes zerren die Helfer ein 10-jähriges Mädchen aus der Kirchenbank und befehlen ihr, vor der Priesterin niederzuknien. Der völlig verschüchterten Amélie wird vorgeworfen, eine angehende Hexe zu sein, obwohl sie in ihrem weißen Rüschenkleid eher wie ein Kommunionkind aussieht. Die nächtlichen Stimmen und Albträume werde sie ihr schon austreiben, herrscht die Priesterin das zitternde Mädchen an. Unsanft schüttelt sie das dürre Kind und tanzt dann um es herum, wobei sie unablässig ihre geheimen Formeln murmelt. Amélies weinende Mutter übergibt den Helfern währenddessen ein totes Huhn und lässt der Alten bei ihrem makabren Hexentanz freie Hand.

„Meine Tochter hat bei den Großeltern Reis gegessen. Dabei sind die bösen Geister in ihren Körper geschlüpft", flüstert mir Amélies Mutter zu. Seither habe sie Unruhe in das Familienleben gebracht und ihr Mann habe sogar seinen Job als Packer in einer Getränkefabrik verloren. Sie erhofft sich von der Priesterin Antworten auf all ihre quälenden Fragen, für die es keine Lösungen gibt.

Westliche Logik scheint nichts ausrichten zu können gegen diesen perfiden Aberglauben, dem viele Kongolesen verfallen sind, weil sie schon zu lange vor dem Abgrund stehen. Alles, was schiefläuft, lasten sie den vermeintlichen Kinderhexen an: Streitereien in der Familie, das Versiegen von Einkommensquellen, Kündigungen, die ganze Familien aus der Bahn werfen, all dies haben die Kinderhexen auf dem Gewissen. Die Not und die Ohnmacht vieler Menschen im Kongo sind groß, denn von seinem schier unermesslichen Rohstoffreichtum haben sie nie etwas abbekommen. Stattdessen haben sich die Diktatoren Mobutu Sese Seko und Laurent Desiré Kabila wie Raubtiere über die Schätze des Landes hergemacht und einen Prunk zur Schau gestellt, der kaum zu überbieten war.

Völlig außer Atem wendet sich Madame La Révérende jetzt ihren angeblich erfolgreich geheilten Hexenkindern zu. Stolz präsentiert sie ihre Zöglinge der staunenden Gemeinde. Ausführlich erzählen sie, wie sie das Ritual gemeistert haben und mit welchen Gebeten sie die Dämonen losgeworden sind. Sie sind kleine Helden, für die die Gemeinde beten wird. Die vor Angst immer noch zitternde Amélie will wiederkommen; sie wolle alles dafür tun, nicht auf der Straße zu landen wie die anderen Kadogos, flüstert sie mir noch zu. Doch jetzt will sie nur noch raus aus der Kirche. Schweißgebadet tritt sie in die grelle Mittagssonne und eilt mit ihrer Mutter davon.

Wir sind vor einem Zentrum für obdachlose Jugendliche in der Innenstadt mit Nkuma, einem kongolesischen Sozialarbeiter, verabredet. Der verwinkelte Rohbau wurde von Papa Wemba, dem König des kongolesischen Rumba Rock, errichtet und wird von ihm finanziert. Als wir dort ankommen, versucht Nkuma gerade einen Streit zwischen den Straßenkindern – den Kadogos – zu schlichten. „Es sind immer dieselben, die durchdrehen“, erzählt uns der 29-Jährige. „Klebstoffschnüffler und verstoßene Hexenkinder. Sie sind unbe-

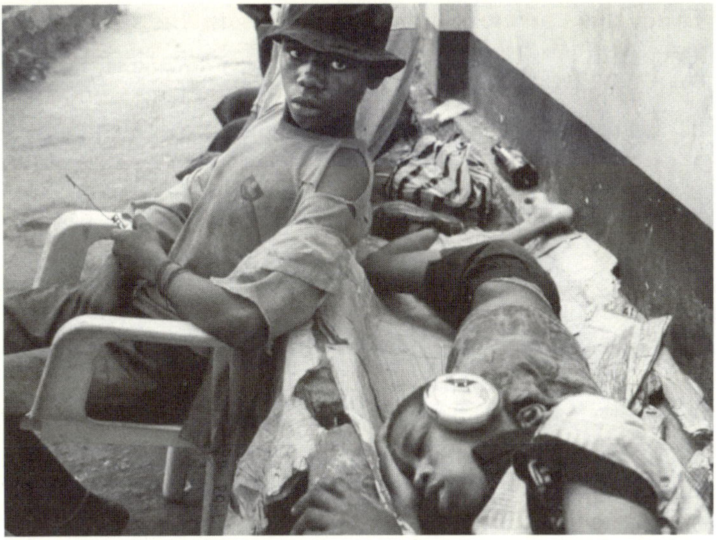

rechenbar. Es fällt ihnen schwer, sich an Regeln zu halten. Die meisten Kadogos stammen aus zerrütteten Familien." Nkuma ist in der Szene bekannt, weil er mit den Straßenkindern Musik macht. Seine Zöglinge kommen aus allen Stadtteilen. „Wenn sich Eltern scheiden lassen, akzeptieren die neuen Ehepartner diese Kinder oft nicht und sie landen als Hexenkinder auf der Straße", erzählt er. „Wenn ein Kind anfällig ist für Krankheiten, dann setzen es die Eltern vor die Tür, weil die Belastung zu groß ist. Vielen steht das Wasser finanziell bis zum Hals. Um zu rechtfertigen, dass sie ihre eigenen Kinder auf den Strich oder auf die Straße schicken, beschimpfen sie sie als verhext."

Auch Dieu Dadi ist von seiner Mutter verjagt worden, als sie bei ihrem neuen Mann einzog. Seit drei Jahren lebt der Junge als Rapper auf der Straße. „Sie hat mir vorgeworfen, ich sei ein Hexenkind. Aber das stimmt nicht. Ich erkenne die Verhexten schon von weitem", erklärt er mir fachmännisch. „Ich treffe auf der Straße öfter auf welche. Sie rasten ständig aus und erzählen irgendeinen Mist. Sie spinnen ein bisschen."

Von den Straßenkindern werden „les enfants sorcières", die Hexenkinder, wie Aussätzige behandelt. Deshalb will Dieu Dadi auf keinen Fall einer dieser Gebrandmarkten sein. Der Elfjährige, der für sein Alter sehr klein ist, rettet sich immer wieder in die Fluchtburg von Papa Wemba mitten in Matonge, dem Amüsierviertel von Kinshasa. Der Star ist in Matonge aufgewachsen, lebt heute aber in Paris und in Brüssel. Viele der Jungs machen Musik wie der Altmeister in seinen Anfängen. Dieu Dadi hat sich auf eine der versifften Matratzen gelegt und arbeitet an seinen Raptexten. Wenn die Jungs nicht gerade eine ihrer Rangeleien mit Fäusten austragen, kann er hier auftanken und sich von den Strapazen der Straße erholen.

Häufig setzt er sich auch einfach zu den anderen Straßenkindern vor den Fernseher, dem einzigen Möbelstück in einem sonst leeren und feuchten Zimmer. Im Nebenraum versuchen die Jungs unter lautem Fluchen einen verdreckten Gaskocher in Gang zu bringen. Eine solche Situation kann schnell eskalieren. Dieu weiß das und verzieht sich lieber unter die mager tröpfelnde Dusche, um den Schmutz der Straße wenigstens oberflächlich abzuspülen.

Nach ein paar ausgelassenen Runden mit den anderen am Kicker beschließt er weiterzuziehen, denn jetzt wird im Jugendhaus gemeinsam gekocht. Zum Gemüseputzen fehlt ihm jedoch die Geduld. „Debrouillez-vous" – das ist die oberste Regel im Kongo. „Kümmert euch um euch selbst, denn keiner wird es für euch machen", erklärt er uns grinsend. Die anderen wissen, was gemeint ist. Irgendetwas Essbares wird er schon auftreiben, notfalls mit Gewalt. „Paragraph 15!" nennt Dieu diese Überlebensstrategie und willigt ein, uns auf seinen Streifzug durch die Stadt mitzunehmen. Sein Name „Dieu" ist sein Schutzmantel. Er sei das Einzige, was ihm seine Mutter mit auf den Weg gegeben habe, als Schild gegen das Böse.

Wie jeden Abend durchstöbert er zunächst das Viertel rund um den Place des Artistes, der den Künstlern des Kongo gewidmet ist. In den 60er- und 70er-Jahren bekam die Stadt aufgrund der aktiven Kunst- und Musikszene den Kosenamen „Kinshasa, la Belle" – die Schöne. Mittlerweile haben die Straßenkinder die heruntergekommene kongolesische Metropole jedoch in „Kinshasa, la Poubelle" – der Mülleimer – umgetauft.

Auch wenn die Hauptstadt von Kämpfen weitestgehend verschont geblieben ist, platzt sie aus allen Nähten und ist von Bürgerkriegsflüchtlingen überfüllt. Wie Dieu und seine Mutter sind Hunderttausende nach Kinshasa geflohen, weil die Kämpfe im Osten um Gold, Diamanten und Koltan sie nicht zur Ruhe kommen ließen.

Die riesigen in Stein gehauenen, in den Himmel ragenden Künstlerhände am Place des Artistes sind längst zum Sinnbild dieser Misere geworden. „Mon Dieu, was ist aus diesem Land nur geworden", scheinen sie in den Himmel zu rufen, denn früher war der Place des Artistes das Herzstück der Künstlerszene.

Manchmal gingen ihm die anderen ganz schön auf die Nerven, erzählt uns Dieu Dadi. Es ist die Sehnsucht nach seiner Mutter, die ihn auf die Straße zu treiben scheint. Nächtelang schlägt er sich hungrig mit Betteln und Stehlen durch. „Manchmal stecken uns die Händlerinnen etwas Brot zu", erzählt er, „aber die meisten verjagen und beschimpfen uns. Nur selten fallen mal ein paar kongolesische Francs für Autowaschen oder Schuhputzen ab."

In manchen Nächten legt Dieu viele Kilometer zurück. Wenn er woanders keinen besseren Schlafplatz findet, lässt er sich zwischen den Gräbern auf dem alten Friedhof im 25. Distrikt von Kinshasa nieder. Im Laufe der Jahre ist dieser zu einer Mülldeponie geworden. Hier übernachten die, die völlig abgestürzt sind: Drogensüchtige und Alkoholabhängige, Prostituierte und Obdachlose, der Bodensatz der kranken kongolesischen Gesellschaft. Es ist einer der schrecklichsten Orte in Kinshasa. Dieu Dadi übernachtet hier nur in Begleitung von Freunden. Beim Schlafen müsse man sich zusammenrollen, die Hände in den Taschen, die Jacke zugeknöpft, erklärt er mir. Und dennoch hätten sie ihn hier schon oft ausgeraubt. „Selbst die letzten Francs oder Brotkrumen klauen sie dir", sagt er zornig. „Hier auf dem Friedhof wimmelt es von Kinderhexen."

Seine raue Stimme hat der junge Rapper dem Alkohol und dem Klebstoff zu verdanken. Dieu Dadi rappt flüssig in einem Kauderwelsch aus Lingala, Swahili, Französisch und Portugiesisch, obwohl er sonst immer stottert, wenn er mit Erwachsenen redet. Seine Texte spiegeln die Anarchie der kongolesischen Gesellschaft. Die Sprachfetzen sind wie Kapitel aus dem wirren Leben des herumstreunenden Jungen. Es ist die Odyssee seiner Familie und die eigene Geschichte, die er in seinen Liedern verarbeitet. Mit acht Jahren landete er auf der Straße. Vorher war er mit seiner Mutter und seinem vagabundierenden Vater, einem Gastarbeiter aus Angola, durch die Goldminen im Ostkongo gezogen. Wie viele Minenarbeiter war dieser der Willkür der Milizen ausgeliefert und ertränkte seinen Frust mit billigem selbst gebrautem Pombe-Bier. Ohne Verabschiedung sagte sich Dieu Dadis Mutter dann eines Tages von dem Angolaner los.

Alles, was sein Vater ihm vermacht hat, sind ein paar Brocken Portugiesisch. Mit seiner Mutter hat er Swahili gesprochen, die Lingua Franca im Ostkongo. Eines Tages hat sie sich kurzerhand mit ihrem kleinen Sohn auf einem Schubkahn nach Kinshasa abgesetzt. Obwohl er noch klein war, erinnert sich Dieu Dadi an die Überfälle pöbelnder, betrunkener Milizen auf die Dörfer im Osten des Landes. Brutal hatten sie auf ihre Nachbarn eingeschlagen und ihnen das letzte Hab und Gut genommen.

Auf der langen Reise hatte seine Mutter von der fernen Hauptstadt Kinshasa geschwärmt. Dort würde sie sicherlich eine vernünftige Arbeit finden. Doch dann kam alles anders. Sie zog zu einem neuen Mann, wurde mit einer Lungenentzündung bettlägerig und setzte ihren Sohn vor die Tür. Doch Dieu Dadi redet liebevoll über sie. Rachegefühle liegen ihm fern. „Sie hatte einfach nicht mehr die Kraft, für mich zu sorgen", sagt er nachdenklich. Ihr neuer Mann habe ihn gehasst und ständig geschlagen. „Wenn ich einen Job hätte, würde ich sie suchen und mich um sie kümmern", sagt er und wendet sich plötzlich von uns ab, als wollte er die Trauer, die in ihm hochkommt, schnell abschütteln.

Als wir an den Place des Artistes zurückkehren, treffen wir Tresor, Dieu Dadis Freund. Tresor hat schon auf ihn gewartet, die beiden waren verabredet. Auch Tresor ist ein Waisenkind und lebt seit Jahren auf der Straße. Seinen Spitznamen trägt er, weil er jedes Schloss knacken kann.

Eines Tages will Dieu das alles hinter sich lassen. Papa Wembas Zentrum ist für ihn ein erster Schritt. „Mein größter Traum wäre es, eines Tages als Sänger um die Welt zu reisen und andere Länder zu sehen. Ich glaube, woanders geht es Straßenkindern besser", erklärt er uns im Licht der Paraffinlampen, die mittlerweile in den kleinen Holzbuden angezündet worden sind. Früher gab es hier die besten Nachtclubs Afrikas und die Leute standen Schlange. Heute kauern sie auf billigen Plastikstühlen mit ein paar Flaschen Star-Bier oder trinken das selbst gebraute Pombe.

Im Verkehrslärm erklingen auf einmal tiefe, geschmeidige Töne. Der Sozialarbeiter Nkamu sammelt mit seiner Harfe rund um den Platz eine Handvoll kleiner Kadogos ein. „Ich bin in einer Großfamilie aufgewachsen", meint Nkuma. „Es braucht ein ganzes Dorf, um ein Kind zu erziehen, hieß es bei uns früher. Wir haben immer alle mit aufgezogen. Aber die Familien zerfallen und es gibt keinen, der diese Kinder auffängt."

„Ohne Frieden könnt ihr euch nicht erheben, nicht aufrecht stehen, nicht fliegen wie die Vögel ..." Dieses alte kongolesischen Volkslied singend, schreitet Nkuma mit seinen Schützlingen über die ehemalige Flaniermeile von Matonge. Die Straßenkinder bilden einen Zug, machen Flügelbewegungen mit ihren Armen und trommeln die vertrauten Rhythmen auf leeren Getränkebüchsen. Im hellen Licht des Vollmonds wirken sie wie Wesen aus einer anderen Welt.

Aus den Häusern und Hinterhöfen von Matonge ertönt ebenfalls Musik. Hier schlägt noch immer das musikalische Herz Afrikas. Die Kinder singen leidenschaftlich, als könnten ihre Lieder sie aus dem Chaos und der Armut herausführen. Vielleicht wird Dieu Dadi gelingen, was schon Papa Wemba, der kongolesische Junge aus der Gosse von Matonge, geschafft hat. „Salut! Wir sehen uns!", ruft Dieu uns zu. „Erst mal muss ich noch hier draußen auf der Straße kämpfen. Aber wenn ich das hier überlebe, schaffe ich alles."

Mit diesen Worten entschwinden Dieu und Tresor in die Nacht.

## Kibaki und die vierzig Räuber

Der selbst ernannte Prediger schwadroniert lautstark über Sodom und Gomorrha. Wild gestikulierend marschiert er in seinem schwarzen Anzug vor der Bezirksverwaltung von Kibera, dem größten Slum Ostafrikas, auf und ab, doch die Frauen, die sich an diesem Samstagnachmittag auf dem offenen Feld vor dem Regierungsgebäude versammelt haben, schieben ihn beiseite. In aller Ruhe ziehen sie ihre Sportschuhe an, während andere bereits auf dem Spielfeld kichernd den Ball unbeholfen hin und her schieben. Nur die Sportlicheren unter ihnen tragen knielange Turnhosen. Die meisten trauen sich jedoch nicht, ihre Röcke abzulegen, und schützen sich mit Tüchern und Schürzen vor dem Staub.

Während die Bibelsprüche am Spielfeldrand immer wieder zu unüberhörbaren Ermahnungen anschwellen, jagen die Frauen, Mütter und Großmütter mit hochgesteckten Haaren freudig johlend über den Ascheplatz. Sie sind erleichtert, dass sie dem Haushalt oder ihren kleinen Läden für einige Stunden entkommen sind. Meist haben sie sich mit Notlügen von ihren Männern weggestohlen, während andere sich offen der neuen Frauenbewegung „Kibera Women for Peace“ angeschlossen haben. Jeden Samstag stürmen die Frauen den Platz direkt vor der Bezirksverwaltung,

über den sonst kleine Jungs selbst gebastelte Bälle aus Plastikmüll kicken.

Den uniformierten Herren von der Bezirksverwaltung sind die aufmüpfigen Damen suspekt. Als sie während der Unruhen nach den kenianischen Wahlen im Dezember 2007 erstmals vor dem Verwaltungsgebäude auftauchten, setzten sie die Beamten mächtig unter Druck. Nach blutigen Auseinandersetzungen zwischen den Anhängern der beiden kenianischen Präsidentschaftskandidaten Mwai Kibaki und Raila Odinga wollten die Frauen das Brandschatzen und Lynchen in dem riesigen Elendsviertel beenden. „Stop the violence", skandierten sie vor der Bezirksverwaltung. Tagelang hatte der Slum einer Kriegszone geglichen. Frauen waren bei der Hausarbeit von Polizeikugeln getroffen worden und einige ihrer Söhne wurden brutal abgeschlachtet.

„Wir wollten die Gewaltspirale aufhalten, wussten aber nicht wie", sagt die 38-jährige Jane Anyango. Also machte sie sich mit ihrer besten Freundin Fannice Muhonja auf einen langen Marsch quer durch Kibera. Auf den Lehmstraßen schlossen sich den beiden Hunderte Frauen an und schließlich rangen sie dem „District Officer" das Versprechen ab, klare Schritte gegen die Stammesfehden einzuleiten.

Seither ist kein Samstag ohne ein Treffen der Frauen von Kibera vergangen. „Ständig kommen sie mit neuen Forderungen", beschweren sich die Amtsinhaber. „Wenn wir jetzt nicht handeln, werden die Wahlen 2012 das Land ins Chaos stürzen", entgegnen die Frauen. Bei ihren wöchentlichen Fußballspielen, reden sie sich ausschließlich mit ihren englischen Vornamen an, ihre Stammeszugehörigkeit soll keine Rolle spielen. Aus dem spontanen Friedensmarsch ist eine Frauenbewegung geworden.

Zufrieden schaut Jane auf die dreißig Frauen, die heute zusammengekommen sind und sich vertraut über Alltagsprobleme austauschen. In der ersten Spielpause ruft sie ihre Gruppe zum Kassensturz. Diese Woche sollen 2.000 Kenyan Shilling an die 40-jährige Emily verliehen werden. Damit kann die scheue Frau eine Woche lang Ware für ihren kleinen Gemüsestand kaufen. Am Ende der Woche wird sie der Sparrunde das Geld mit 20 Shilling Zinsen zurückgeben. Angefangen haben die Frauen vor Monaten mit 200 Shilling, mageren zwei Euro, die jedoch einer Familie im Slum schon über die Runden helfen können. Die Frauen seien eiserne Sparerinnen und bisher habe jede Einzelne das angesammelte Guthaben des Frauenkreises gut einsetzen, vermehren und am Ende einer Woche mit Zinsen zurückgeben können, erklärt Jane stolz.

„Trotz aller Probleme leben wir hier besser als die Menschen in Kalkutta", ruft sie zufrieden in die Runde ihrer Mitstreiterinnen. Wenige Wochen zuvor hat sie im Rahmen eines Hilfsprojekts einer internationalen Organisation Indien besucht und eine Frauenbank besichtigt, die mit Mikrokrediten arbeitet. Dort hat sie gesehen, wie hart das Leben der Frauen in den Slums von Kalkutta ist. „Die meisten Inderinnen, die ich getroffen habe, hatten so gut wie keine Ausbildung", erzählt sie den staunenden Frauen, die sich mittlerweile um sie herum versammelt haben und von denen einige rätseln, wo Kalkutta eigentlich liegt. Sie hätten ein Dorf „Unberührbarer" besucht, in dem die Frauen in ihren verschlissenen Saris nur einen Namen trugen und als „Verbannte" einfach nur die Frau des Soundso, die Tochter oder die Mutter von irgendjemandem seien. Da habe sie voller Stolz an ihre Heimat Kenia gedacht.

Die in den Armenvierteln Asiens entstandene Idee der Mikrokredite und Volksbanken verbreitet sich in Afrika immer mehr. Seit 2003 die Schulgebühren aufgehoben wurden, schicken die meisten Kenianer ihre Kinder zur Schule, um ihre Chancen auf dem Arbeitsmarkt zu verbessern.

ENDING VIOLENCE
AGAINST WOMEN IN KENYA

Auch Jane hat einen O-Level-Abschluss. Sie ist durch ihren Mann, einen Coca-Cola-Fahrer, im allgegenwärtigen Gestank und Dreck des Schmelztiegels Kibera am Rande Nairobis gelandet. Aufgewachsen ist sie in Nyanza, einer Provinz im Westen Kenias. Als 16-jährige Schülerin ist sie zu ihrem Mann in den LKW gestiegen, in der Hoffnung auf ein besseres Leben in der Hauptstadt. Als sie am nächsten Morgen in einem beengten Verschlag im Lärm von Kibera aufwachte, gab es kein Zurück mehr. Sie weinte unaufhörlich und sehnte sich nach der frischen Landluft von Nyanza und den freundlichen Menschen. Jahrelang musste sie ihren Mann um jeden Shilling anbetteln und lebte auf zehn Quadratmetern. Ihre vier Kinder brachte sie in einem Holzbett zur Welt, dessen Füße in aufgeschnittenen Plastikflaschen stehen, um es vor Fäulnis zu bewahren. Denn in der Regenzeit verwandelt sich der Lehmboden durch die heftigen Niederschläge in zähflüssigen Matsch.

Am Abend bahnen sich Jane und ihre Freundin Fannice routiniert ihren Weg durch die überfüllten Gassen im endlosen Meer aus Blechhütten und Holzverschlägen. Schwitzende Männer in speckigen Lumpen schieben fluchend schwere Kanister und Mehlsäcke durch das Gedränge auf den Lehmpisten.

„Viele unserer Nachbarn vom Stamm der Kikuyu trauen sich nicht mehr nach Kibera zurück“, erklärt Jane, die zusammen mit anderen Frauen einige Kikuyu, die während der Unruhen aus ihren Häusern verjagt worden waren, in ihre Hütten zurückgebracht hat. „Kibera ist ein riesiges Dorf“, meint Jane, „das sich über viele Hügel erstreckt und in dem früher alle Volksgruppen miteinander gelebt haben. Es ist ein Abbild unseres Landes. Aber die Mehrheit der Bewohner waren immer Luos und Luya, weil deren Regionen sehr arm sind und traditionell von kenianischen Politikern vernachlässigt werden. Die Straßen bei uns zu Hause in Nyanza wurden noch von den Engländern gebaut", erzählt Jane. Seither sei kaum staatliches Geld in ihre Heimatregion geflossen. Die sogenannte Mount Kenya Mafia sorge dafür, dass alle staatlichen Zuwendungen in Gegenden landen, wo Kikuyu leben. Seit Jahrzehnten sei der Westen Kenias nicht mehr gefördert worden. „Die Folgen sind, dass es im Westen keine Arbeitsplätze gibt und die Menschen in die Städte abwandern. Deshalb heißt es immer, die Kikuyu sind die besseren Geschäftsleute", schimpft Jane. „Sie haben es einfach leichter, weil auf den Ämtern und in den Banken Kikuyu sitzen, die ihre Anträge oder Steuererklärungen bearbeiten. Deshalb hat sich nach der Wahl die angestaute Wut und der jahrelange Frust an den kleinen Kioskbesitzern in Kibera entladen."

Auf ihrem Nachhauseweg schauen Jane und Fannice in den neuen Kleingärten am Rande des Slums vorbei. Während sich in den vielen Konyozi-Friseurläden mit ihren selbstgemalten Plakaten junge Herren für das Wochenende stylen lassen, wässern hier gerade ein paar Jugendliche ihre Sukuma Wiki-Pflanzen, eine Art kenianischer Spinat. Seit den Unruhen arbeiten sie hier als Kleinbauern. Die Gärten haben sie zusammen mit den Frauen angelegt.

Als sich die Straßenschlachten nach den Wahlen 2007 über Wochen hinzogen, wurden die Zufahrtsstraßen nach Kibera durch Polizeiblockaden gesperrt. LKWs trauten sich nicht mehr in die brennenden Elendsviertel. Da die meisten Menschen von der Hand in den Mund leben, ging den Bewohnern Kiberas schon nach kurzer Zeit das Essen aus. Also legten die Frauen Kiberas auf einer öffentlichen Abfallhalde mit Hilfe von Jugendlichen Felder an und wurden zu Selbstversorgern.

James, der gerade den organischen Kompost wendet, gehörte früher einer Straßengang an. Er schlug sich mit kleinen Diebstählen durch, schlitzte alten Damen in Matatus, den Sammeltaxis, die Taschen auf, klaute Handys oder auch mal einen Fernseher. Doch der Preis sei zu hoch. Kenianische Gefängnisse seien kein Zuckerschlecken, meint James stirnrunzelnd. Ohne zu zögern hatte er sich deshalb im März 2008 einem Trupp Jugendlicher bei den Aufräumarbeiten auf der Mülldeponie angeschlossen. Um die Erde zu stabilisieren, pflanzten sie zuerst Kürbisse. Seither wachsen hier Zwiebeln, Koriander, Amaranth und Möhren. Mit Hilfe der Frauen und Susan Kahambu, einer gelernten Biobäuerin, haben die Jungen ein vernünftiges Bewässerungssystem aufgebaut und verdienen damit mehr als mit ihren Diebstählen. Gemüse aus dem Slum, das sei doch wie ein Wunder, schwärmt Jane. „Eigentlich waren wir blind. Die meisten Menschen hier stammen doch von Farmen in Nyanza Province und wissen, wie man Gemüse und Obst anpflanzt, aber erst die Krise hat uns wachgerüttelt."

Mit Taschen voller Gemüse ziehen die beiden Freundinnen glücklich schwatzend los, vorbei an zusammengenagelten Buden mit Namen wie „Bella Plaza" oder „HiTec Duka", die vollgestopft sind mit Steckern, Batterien, Schlössern, Badeschlappen, Gürteln, Antennen und billigem Plastikspielzeug aus China. Über ihren Köpfen schweben Safariflieger und Hilfsflugzeuge mit Kurs auf den nahe gelegenen Wilson Airport. Der ehemalige Präsident Daniel arap Moi soll einst mit hohem Besuch im Anflug auf Nairobi über der Stadt gekreist sein, erzählt Jane. Als der Besucher fragend auf die kilometerlangen Holzverschläge zeigte, soll der frühere Diktator geantwortet haben, das seien Hühnerkäfige.

Auf den Landkarten der offiziellen Städteplaner sind die Megaslums von Nairobi als weiße Fläche ausgewiesen. „Undeveloped heißt es da. Damit wird klar, dass die Stadt jegliche Verantwortung für die Wasser- oder Stromversorgung von sich weist", meint Jane zornig. Und wenn das Wasser knapp werde, würden sie nicht mehr nur 3 Shilling für 20 Liter zahlen, sondern mindestens 10, manchmal sogar bis zu 100 Shilling pro Kanister.

Zwei Millionen Menschen leben etwa in den mehr als hundert Slums rund um Nairobi. Wenige Kilometer von den Villenvierteln entfernt hausen sie auf einem Raum, der dem der sechs Golfplätze der Hauptstadt entspricht. „Wir zahlen horrend hohe Mieten für diese Bretterverschläge", erzählt Jane, die selbst dreißig Euro Miete im Monat berappen muss. „Viele der Vermieter sind prominente Politiker des Landes, für die das ein lukratives Geschäft ist. Investitionen im Slum haben sich schon nach neun Monaten rentiert, während es auf dem normalen Immobilienmarkt zehn Jahre dauert. Das ist die Ausbeutung der Ärmsten der Armen."

Seit Jahren habe Präsident Kibaki immer wieder sogenannte Upgrading-Programme angekündigt. Auch in Südafrika seien die Townships so aufgewertet worden. Doch seit es in Kenia nicht einmal mehr eine Opposition im Parlament gebe, kämen die Reformprogramme nur schleppend in Gang. „Kibaki und die vierzig Räuber packen sich jetzt völlig ungehemmt die Taschen voll", heißt es in Kibera.

Am Montagmorgen ist Jane schon früh in ihrer kleinen Schreibstube und schaut noch etwas schlaftrunken auf die ersten Berufstätigen, die wie aus dem Ei gepellt in die Büros und Hochhäuser der Innenstadt eilen. Die 38-Jährige sitzt vor ihren zwei alten Computern und bringt die krakeligen Notizen ihrer Kunden in die richtige Form. Verschmierte Zettel verwandelt sie mit ihrem längst überholten Computer in Bewerbungen, die sich bei den Personalchefs der großen Sicherheitsfirmen oder bei Regierungsämtern sehen lassen können. Wütende Beschimpfungen enttäuschter Kleinunternehmer formuliert sie zu Mahnungen um. Jane versteht sich auf offizielle Schreiben und findet immer den richtigen Ton.

„Über das Wochenende sammelt sich viel neuer Schreibkram an", sagt sie und tippt zügig die Urteilsbegründung für den Freispruch eines jungen Mannes. Zunehmend greift der Magistrates' Court, das Gericht für einfache Strafsachen unweit von hier, auf Janes bewährte Dienste zurück. 20 Kenyan Shilling verlangt sie pro Seite, und den Gerichtsdienern hat sie außerdem ein bisschen Platz auf den Zierbeeten vor dem Gerichtsgebäude für ihren eigenen Gemüseanbau abgerungen. Seit sie den ständig stöhnenden staatlichen Schreibkräften die offiziellen Abschriften abnimmt, kann sie inmitten der Bougainvilleen vor dem Gerichtssaal Tomaten und Sukuma Wiki anpflanzen. „Neuerdings wässern sie die auch, wenn ich mal keine Zeit habe, mit der Kanne hinüberzulaufen", erzählt sie kichernd. „So will ich Kibera umkrempeln. Mit konventionellen Mitteln kommt man hier nicht weit."

Jane hat als Kindermädchen angefangen. Heute schreibt sie die Bewerbungen für die vielen jungen Mädchen, deren Traum es ist, als sogenannte „Aya" in einer Luxusvilla die Kinder einer weißen Familie zu betreuen. Die Waschmaschine, die ihre ehemaligen Arbeitgeber ihr seinerzeit vermachten, als sie nach Europa zurückkehrten, tauschte Jane gegen ihren ersten Computer ein – ein uraltes Modell, das sie nur noch anwirft, wenn sie sich vor Aufträgen nicht mehr retten kann. Doch mit dem ersten Erfolg standen auch die Neider vor der Tür, erinnert sich Jane. Als sie keine Schutzgelder zahlen wollte, schwärzte sie ein Nachbar bei der Polizei an. Die Polizisten warfen ihr vor, die Computer gestohlen zu haben und räumten kurzerhand das gesamte Büro aus. Um die Computer, den Drucker und den Fotokopierer zurückzubekommen, musste sie den Beamten 50.000 Kenyan Shilling, ca. 500 Euro, Ablöse zahlen. Unter Tränen habe sie das mühsam verdiente Geld abgeliefert. Als ihr Mann

dann auch noch leichtgläubig minderwertigen Toner als vermeintliches Schnäppchen kaufte, stand Jane vor dem Ruin. Ihre Schulden bei Freunden hat sie mühsam Stück für Stück abgestottert.

Seither steht ein Holzbett in ihrem Büro, weil sie damals rund um die Uhr arbeiten musste. Heute werden auf ihm die kleinen Kinder von Frauen abgelegt, die hier arbeiten oder Kurse nehmen. Mittlerweile hat Jane einen weiteren Computer angeschafft, auf dem sie Schulabsolventen Computerlehrgänge anbietet.

Eine junge, gut aussehende Frau ist gekommen, um sich von Jane zu verabschieden. Lucy war Janes erste Schülerin und hat mit Hilfe des Computerkurses den Sprung in eine der renommierten Hotelmanagement-Schulen im Land geschafft. Jane lädt sie zur Frauenversammlung ein, die gleich in ihrem kleinen Büro beginnen wird, doch Lucy hat es eilig. Sie will noch ein Kostüm kaufen, bevor sie Kibera verlässt, um ins Internat der Schule zu ziehen. Zufrieden mustert

Jane sie beim Rausgehen. „Empowerment of women", darauf komme es ihr an. Ein Begriff, den sie von Entwicklungshelfern gelernt hat und der am besten das beschreibe, was sie in ihrem Viertel erreichen wolle. Sie will die Mädchen und Frauen in ihrer Nachbarschaft stärken. „Alle sollen einander helfen", meint Jane und zeigt auf ein Poster von Barack Obama, das neben einem vergilbten Porträt von Präsident Kibaki und einem girlandenumrankten Plakat von Raila Odinga, dem kenianischen „People's President", prangt. „Obama ist unser großes Vorbild. Junge Männer aus dem Slum eifern ihm nach, und unsere Kampagne gegen Gewalt, die wir auch ‚We Can' nennen, wird plötzlich akzeptiert, weil vor allem die Männer glauben, dass sie vom amerikanischen Präsidenten unterstützt wird. In Wirklichkeit ist die Bewegung ‚We Can' 2005 in den Elendsvierteln Asiens entstanden. Auch die Frauen sprechen heute viel offener über die Gewalt, die sie in ihren Ehebetten oder Wohnzimmern erleben", meint Jane, „weil sie erstmals die Hoffnung haben, dass sich etwas ändern könnte."

„We can", mit diesen Worten eröffnet Jane die kleine Frauenversammlung in ihrem Büro. Gemeinsam wollen die Frauen die Artikel für den nächsten Newsletter auswählen. Vor ein paar Wochen hatte Jane ihre Mitstreiterinnen gebeten, ihre persönlichen Geschichten und ihre Gewalterlebnisse aufzuschreiben. Stapelweise liegen ihr nun die Erfahrungsberichte der Frauen vor. Sie will die unverblümten Schilderungen nur minimal redigieren. Für viele ist es wie ein Befreiungsschlag, über ihre Ohnmacht reden zu können.

Die 28-jährige Stella bezieht von ihrem Mann regelmäßig Prügel, wenn das Geld am Ende des Monats ausgeht. Jacinter, 34 Jahre alt, wird von ihrem Mann getreten, wenn das Essen auf dem Tisch nicht warm genug ist. Und die 50-jährige Mary beschreibt ihr Leben voller Fußtritte und Schläge an der Seite eines cholerischen Alkoholikers.

Die ständigen Beschimpfungen und Erniedrigungen durch die Männer seien auch Gewalt, erklärt ihnen Jane, verbale Gewalt, die nicht akzeptabel sei. In ihrem eigenen Bericht hat Jane beschrieben, wie sie eines Tages gegen die Verbalattacken ihres Mannes aufbegehrte. Wie vom Blitz getroffen habe er sie angeschaut. Als er merkte, dass sie ihr Ultimatum ernst meinte, willigte er ein, sich zu bessern. „We can“, rufen die Frauen voller Überzeugung.

Seit den Ausschreitungen ist die Brutalität in Kibera noch schlimmer geworden, klagen viele. „Das dürfen wir nicht einfach so hinnehmen. Wir müssen uns dagegen stemmen“, meinen sie. Deshalb suchen sie den Schulterschluss mit den Frauen im Nachbarslum Mathare, einer weiteren Hochburg der Luos in Nairobi. Sie wollen dort auf einem leeren Feld am Rande des Elendsviertels die Liga der Fußball-Omas ins Leben rufen. Früher stand auf dem Platz eine Siedlung der Kikuyu, die während der Unruhen vom wütenden Mob niedergebrannt wurde. Heute plärren auf der klaffenden Wunde oft die knarzenden alten Lautsprecherboxen der „Wiedergeborenen Christen“. Es reiche nicht, nur für den Frieden zu beten, mahnt Jane. Mit ihren Regenbogenteams aus allen Stämmen Kenias wollen die Frauen für Gesprächsstoff sorgen und eine längst überfällige Diskussion in den Slums voranbringen. Die Kinder der Kikuyu und Luo in Kibera und in Mathare wuchsen früher zusammen auf, ohne die ethnische Herkunft des anderen wahrzunehmen. Und das soll auch wieder so sein, sonst wird die Wahl 2012 eine unerbittliche Schlacht bis aufs Letzte, fürchten sie.

Weder Zensur noch die Armee und auch nicht Tonnen von Tränengas oder die radikale Mungiki-Sekte, die die Regierung gegen die Luos aufgerüstet hat, werden den Wandel aufhalten können. „It's time for change“, schreibt Jane an diesem Abend in ihren Internetblog auf der Website Kabissa.

## Welcome to Liberia

Selbst Analphabeten verfolgen auf der Tafel „The Daily Talk“ am Tubman Boulevard mitten in Monrovia den Prozess gegen ihren Ex-Präsidenten Charles Taylor vor dem Internationalen Sondertribunal für Sierra Leone in Den Haag. Sämtliche Zeugenaussagen und Äußerungen des früheren Diktators werden mit Kreide in einfachstem Pidgin-Englisch an die große schwarze Tafel geschrieben. Meistens findet sich einer, der der umstehenden Menschenmenge vorliest. Da infolge des jahrelangen Krieges mehr als die Hälfte der Bevölkerung nicht lesen kann, werden außerdem Bilder und Symbole verwendet.

In einem kleinen Café neben dem ehemaligen Luxushotel Ducor kann man eine Stecknadel fallen hören, wenn im Fernsehen ein Zeuge in Den Haag schildert, wie die taylorschen Milizen im Nachbarland Sierra Leone die Bewohner ganzer Dörfer zusammentrieben, ihnen die Gliedmaßen abhackten und Frauen vergewaltigten. Stück für Stück werden im Internationalen Sondergerichtshof die Feldzüge durch den diamantenreichen Osten von Sierra Leone nachgezeichnet. Angewidert lassen sich die Menschen vor dem alten Fernseher über Taylors maßgeschneiderte Anzüge, seinen breiten, goldenen Siegelring, die teuren Arm-

banduhren und Brillengestelle aus. Die Wut ist groß. Warum Charles Taylor jedoch nur wegen seiner Verbrechen gegen die Menschlichkeit in Sierra Leone, nicht aber wegen der gnadenlosen Verstümmelungen seiner eigenen Landsleute vor Gericht steht, ist ihnen unbegreiflich. Sie verfluchen den Krieg und würden den Warlord am liebsten in die Hölle schicken. Möge er im Mülleimer der Geschichte vergammeln, schimpfen sie.

Verzweifelt suchen die Menschen nach Antworten und nach ihrer verloren gegangenen Würde. Die kann ihnen der frühere Diktator zwar nicht zurückgeben, doch er muss Verantwortung übernehmen, sonst ist an Versöhnung gar nicht zu denken.

Für die Liberianer ist es wie eine Therapie, wenn der Chefankläger in Den Haag die Morde und Massenvergewaltigungen rekonstruiert. Er will beweisen, dass Charles Taylor den Krieg im Nachbarland Sierra Leone künstlich verlängert hat, um die Diamantenminen im Grenzgebiet plündern zu können und so den Krieg im eigenen Land zu finanzieren.

„Er hat unser Land ins Chaos gestürzt, dafür müssten wir ihn in Liberia vor Gericht stellen", sagt Peace Youlou, eine junge Frau, die den Krieg mit ihren vier Kindern und ihrem Vater Moses, dem ehemaligen Sicherheitschef des Ducor, im Portierzimmer des früheren Nobelhotels überlebt hat. Das Leben müsse weitergehen, beschwichtigt sie ihr Vater. Es sei besser, den Hass herunterzuschlucken und nach vorne zu schauen.

Bald wird die hübsche Peace mit ihrer Familie nach Buchanan gehen, weil es dort im Hafen Arbeit geben soll. Die Regierung will das Ducor räumen lassen. Mit Hilfe von libyschen Geldgebern soll es wieder zur ersten Adresse an der Westküste werden. Das Ducor war einst eines der wenigen 5-Sterne-Hotels in Afrika, in dessen Pool sich reiche Amerikaner aalten. Seit Jahren gleicht das Schwimmbad einer

Müllkippe. Als ich dort während des Krieges 2003 drehte, war die Ruine bis auf das letzte Zimmer belegt. Hinter verrammelten Fenstern hatten sich Flüchtlinge aus dem ganzen Land, Milizen und Kindersoldaten verschanzt. Einige der Zimmer waren mit Exkrementen und Blut verschmiert, die Flure stanken bestialisch nach Urin und von der ursprünglichen Innenausstattung war nichts geblieben.

Emanuel Diehyee, der frühere Conférencier der Abendgalas im Ducor, hatte mich in der letzten Kriegswoche durch sein Reich geführt, während die Rebellen der LURD bereits den Hafen von Monrovia besetzt hatten. Emanuel hatte als Laufjunge im Ducor angefangen und später als Conférencier Gäste aus aller Welt unterhalten. Im Krieg wurde er zum Hausherrn des heruntergekommenen Kastens und sorgte wenigstens für eine minimale Ordnung in der Fluchtburg. Sogar die Kindermilizen hörten irgendwie auf ihn. Nostalgisch schwärmte er mir von den glanzvollen 70er- und 80er-Jahren vor, als in den edlen Speisesälen unter Kronleuchtern feinste internationale Küche serviert wurde und Amerikas Topstars auf der Dachterrasse auftraten. Mit Blick aufs Meer tanzten hier Manager, Politiker und Prominenz aus aller Welt und bezahlten 500 US-Dollar für eine Konzertkarte. Das Dachcafé mit dem schönsten Panoramablick an der gesamten Westküste Afrikas sei der Stolz der ganzen Stadt gewesen. Weil Lebensküstler Emanuel die Tricks der Schwarzhändler kannte, konnten er, seine Familie und Freunde die schweren Jahre des Krieges in den Mauern des Hotels überleben.

Der alte Moses war während der ständigen Bombardierungen der Stadt der Ruhepol unter den Flüchtlingen. Da nun die Investoren aus Libyen kommen, wollen sie in der Hafenstadt Buchanan gemeinsam neu anfangen.

Vom Ducor schaut man auf den dreckigen Strand der Halbinsel Westpoint, auf der während der Kriegsjahre ein

riesiger Slum entstanden ist. „Taylor hat uns in diesen Krieg getrieben“, sagt Johnson Walker, ein ehemaliger Kindersoldat, dessen Bein durch eine Kugel zerstört wurde. So oft er kann, trainiert er mit anderen Kriegsbehinderten am Strand von Westpoint Fußball. „Ich habe für Taylors Regierungstruppen gekämpft, aber ich bin froh, dass sie ihm jetzt den Prozess machen. Es hat uns gegeneinander aufgehetzt. Sie sollen ihn verurteilen. Er hat es verdient.“

Liberias Präsidentin Ellen Johnson-Sirleaf versucht die Kriegsversehrten in den Versöhnungsprozess einzubeziehen. In anderen Ländern Afrikas wären sie abgeschrieben. Die Landesmutter versucht den Menschen immer wieder klarzumachen, dass sie alle zusammen das Land aufbauen müssen. Da der Wiederaufbau Millionen verschlingt, ließ sie den Müll in der Innenstadt von Ex-Soldaten wegräumen. Jeder könne etwas beisteuern, erklärt sie in ihren Reden, auch die Kriegsversehrten, denen der Krieg übel mitgespielt habe.

„Anfangs konnten die Männer kaum den Ball treffen“, berichtet uns Michael Konnah, der Trainer. „Aber inzwischen fühlen sie sich gut und sind sehr motiviert.“ In den nächsten Tagen wird die Mannschaft zu einem Begegnungsspiel mit Kriegsveteranen in Russland aufbrechen. Die Spieler sind stolz, ihr Land international zu repräsentieren. Das Fußballtraining hat den Kriegsopfern einen neuen Sinn im Leben gegeben. Jeden Tag spielen sie am Strand, meistens bis in den Abend hinein.

Morgens sind auf den Straßen Monrovias Hunderte junger Jogger zu sehen. Es sind überwiegend ehemalige Kämpfer, die sich fit halten, ihr Leben anpacken und versuchen, sich eine neue Existenz aufzubauen, in einem Land, in dem achtzig Prozent der Menschen keinen Job haben. Der Tatendrang ihrer Präsidentin Ellen Johnson-Sirleaf hat viele Liberianer aus ihrer Apathie gerissen.

„Die Männer, die uns regiert haben, haben uns doch alle verraten. Sie haben Blut an den Händen", schimpfen einige der Jogger. „Sie haben unser Land ruiniert. Diese Frau ist mutig."

Ellen Johnson-Sirleaf, Harvard-Absolventin und ehemalige Bankerin, ist die erste Präsidentin Afrikas. Die 67-Jährige hat eine Reihe von Frauen um sich versammelt, die bei der Polizei und im Justizapparat hohe Positionen eingenommen haben. „Ma Ellen", wie sie von der Bevölkerung liebevoll genannt wird, versteht es sogar, die 16.000 Blauhelme in den Wiederaufbau einzubeziehen. Die UN-Mission ist zwar zahlenmäßig eine der größten weltweit, doch ist sie finanziell nicht besonders üppig ausgestattet. Nach dem langen Krieg sind Liberias Straßen weitestgehend zerstört. Also müssen die Blauhelme anpacken und zusammen mit den Demobilisierten die wichtigsten Zufahrtsstraßen zu den Diamantenminen sanieren.

„Dadurch dass ehemalige Kindersoldaten, die hier früher Straßensperren errichtet haben, nun die Löcher im Belag mit Teer stopfen, bekommen die Menschen einen anderen Eindruck von ihnen", erklärt Francis Geayon, ein früherer Soldat. Im Krieg waren Kindersoldaten oft skrupelloser als jeder erwachsene Kämpfer. In ihre Heimatdörfer konnten die meisten nicht zurückkehren, weil sie dort nicht geduldet werden. „Diese Jungs sind auf der Strecke geblieben, von ihren Familien verstoßen. Sie haben weder Schreiben noch irgendein Handwerk gelernt. Diejenigen, die jetzt 21 Jahre alt sind, waren zehn, als der Krieg begann. Sie haben ihre ganze Kindheit im Krieg verbracht. Im Straßenbau setzen sie sich sichtbar für die Allgemeinheit ein und gewinnen so langsam den Respekt und das Vertrauen der Menschen zurück", meint Francis pragmatisch. Die Bauarbeiten seien also nicht nur eine praktische Maßnahme zum Wiederaufbau Liberias, sondern auch ein Akt der Versöhnung.

Die Feindschaft zwischen Regierungsanhängern und Rebellen hat die Gesellschaft Liberias gespalten. Keiner weiß, wie das schwer traumatisierte Land nach all den Grausamkeiten wieder zusammenwachsen soll.

Eine Wahrheits- und Versöhnungskommission soll die Vergangenheit aufarbeiten, Warlords vorladen und mit ihren Opfern zusammenbringen. Sie soll herausfinden, warum mehr als 250.000 Menschen sterben mussten und die Hälfte aller Frauen vergewaltigt wurde. Nach südafrikanischem und ruandischem Muster erlangen die Täter Straffreiheit, wenn sie ihre Taten gestehen, weil dies den überlebenden Opfern hilft, Klarheit über die Morde zu erlangen. Außerdem müssen zahllose Kriegsgeschädigte und Tausende ehemaliger Kindersoldaten – viele von ihnen drogenabhängig – in die Gesellschaft integriert werden.

„Das ist eine enorme Last, die uns manchmal zu erdrücken droht", sagt Francis Geayon. Auch Jahre nach Kriegsende greifen die groß angelegten Resozialisierungsprogramme nur langsam. Es fällt den ehemaligen Kriegern schwer, sich an gesellschaftliche Regeln zu halten, weil sie schon als Kinder gezwungen wurden, ihre moralischen Vorstellungen über Bord zu werfen und sich über jede Form von Menschlichkeit hinwegzusetzen.

„Wir hatten eine Zweiklassengesellschaft hier in Liberia", erklärt Francis. „Die Nachfahren der Sklaven aus Amerika hatten sich gegenüber den heimischen Liberianern schon immer als herrschende Oberschicht aufgespielt, allen voran Charles Taylor", wettert er.

Liberia wurde 1847 in der Providence Church in Monrovia als einzige Nation Afrikas von befreiten Sklaven gegründet. In einer Art schwarzer Apartheid behielten die aus den USA zurückgekehrten Sklaven die politische Macht gegenüber den Ureinwohnern in den Händen, obwohl sie nur fünf Prozent der Bevölkerung ausmachten. Die Diskriminierung und Ausbeutung waren der Grund für den Krieg. Bis heute kopieren die Liberianer weitgehend den Lebensstil der Amerikaner. Die Architektur und die Sprache erinnern an die Südstaaten. Alle Augen sind auf Obama und die Amerikaner gerichtet. Die Liberianer glauben, dass es ohne die USA keine wirtschaftliche Entwicklung geben könne. „Wir kopieren ihren Lebensstil", sagt Francis, „doch wir dürfen uns nicht von ihnen abhängig machen. Während des Bürgerkriegs sind sie uns erst sehr spät zu Hilfe gekommen. Daraus müssen wir lernen. Wir müssen unser Land selbst aufbauen."

Im Dezember 1989 hatte Charles Taylor von der Elfenbeinküste aus einen bewaffneten Aufstand initiiert, der zur völligen Zersplitterung Liberias führte und sich schließlich zu einem Konflikt um die Kontrolle über die Rohstoffe des Landes ausweitete. 1997 wählten die Liberianer den Baptistenprediger Taylor zum Präsidenten, aus Angst, dass er den Bürgerkrieg im Falle einer Wahlniederlage noch einmal aufleben lassen könnte. „Es ist nicht das erste Mal, dass sich die Liberianer versöhnen müssen, nachdem sie sich bis aufs Messer bekämpft haben. Das haben wir schon mehrmals erlebt. Damals haben wir uns nach den fürchterlichen Grausamkeiten alle umarmt", sagt Francis. „Das müssen wir jetzt wieder hinbekommen."

In den Minen und Wäldern herrschten während des Krieges Rebellenführer und Kriegsunternehmer, die Privatarmeen finanzierten. Aus dem Erlös von Diamanten, Kautschuk und Holz kauften sie Waffen. Ellen Johnson-Sirleaf will sicherstellen, dass es in Liberia keine Blutdiamanten mehr gibt und Diamanten zukünftig nur noch mit dem Zertifikat des international vereinbarten Kimberley-Prozesses verkauft werden. Ohne die Diamantenförderung ist an einen wirtschaftlichen Aufschwung nicht zu denken. Auf lange Sicht soll die komplette Weiterverarbeitung im eigenen Land angesiedelt und die natürlichen Ressourcen des Landes so entwickelt werden, dass sie erstmals der Bevölkerung zugute kommen. Das Geld will die ehrgeizige Präsidentin in die Bildung stecken. Doch momentan fehlen der Regierung die Mittel, um in die Infrastruktur zu investieren, und der Abbau der Glitzersteine kommt nur schleppend in Gang.

In dem kleinen Örtchen Kakata nordöstlich von Monrovia versuchen Diamantenschürfer mit einfachsten Mitteln, die alten Minen instand zu setzen. Mit ihren bloßen Händen und Schaufeln holen sie Gestein und Sand aus den Stollen, um damit ihre Häuser wieder aufzubauen. Es ist lange her, dass in den Kneipen von Kakata, „Diamond City", der Diamantenrausch herrschte. Jetzt warten viele, dass Normalität einkehrt. Über Jahre haben die Leute die Läden des Ortes zu Wohnungen umfunktioniert. „Doch bald werden auch die Händler zurückkehren", sagt ein Diamantenschürfer zuversichtlich.

Neben den Plakaten, mit denen „Ma Ellen" für den Kimberley-Prozess wirbt, hängt ein Poster, auf dem der ehemalige Präsident Charles Taylor in Handschellen zu sehen ist.

## Schrei in der Wüste

Für mehrere Wochen wird der Flüchtlingshelfer Emanuel nicht mehr in den Norden des Tschad fahren können. Wenn die Regenzeit einsetzt, die Wadis sich in tosende Ströme verwandeln und aus ausgetrockneten Flussbetten schäumende Flüsse werden, wird kein Durchkommen mehr sein. Auch nicht für die Hilfsorganisationen mit ihren Geländewagen. Nachdem er uns ausführlich dargestellt hat, wie beschwerlich die Reise sein wird, erklärt Emanuel sich bereit, uns mitzunehmen – in die Flüchtlingslager im Nordosten des Landes und nach Tiné, dem Brennpunkt an der Grenze zum Sudan.

Seit März 2003 herrscht in Darfur ein Krieg, für den es nie eine offizielle Kriegserklärung gab. Bis heute versorgt die Regierung in Khartum die loyalen Stämme Darfurs mit Waffen, damit sie die Rebellenorganisationen SLA und JEM bekämpfen. Die regierungstreuen Janjawid, die „Geisterreiter", überfallen die Dörfer mit Schnellfeuergewehren, zünden die Kornspeicher und Hütten an, vergewaltigen die Frauen und erschießen die Männer, weil sie potentielle Rebellen sein könnten. Das Regime will die Menschen von ihrem Land vertreiben, seit es auf Ölvorkommen im Süden von Darfur spekuliert. Die Petrodollar für dieses Öl will es nicht mit den

Einwohnern der Provinz teilen müssen, so wie das der Friedensvertrag für den Südsudan vorschreibt.

Bevor wir aufbrechen, geht Emanuel mit uns in der Kleinstadt Guéréda auf den Markt. Eine Oase in dem harschen Wüstenstaat. Der Klang sudanesischer Musik, die die Menschen dies- und jenseits der Grenze von jeher verbunden hat, liegt über den zusammengezimmerten Marktständen. Ein letztes Fleckchen pulsierender, afrikanisch-arabischer Lebensfreude, das mit plüschigen Decken und arabischen Ornamenten, mit Gebetsteppichen aus dem Nahen Osten, Gewürzen und Kalebassen an bessere Zeiten erinnert. Seit Menschengedenken ist das Afrikanische und das Arabische in diesen Regionen eng miteinander verknüpft.

Bei den Händlern herrscht lautstarkes Unverständnis über das große Abschlachten von Afrikanern im Sudan, nur einige hundert Kilometer nordöstlich – zumal sie Glaubensbrüder sind. Die hellhäutigeren arabischen Händler halten sich zwar etwas zurück, aber auch sie sind entsetzt. „Schlecht für den Handel ist das Morden allemal", meinen sie pragmatisch. Die Flüchtlinge haben kein Geld, um irgendwas zu kaufen. Schon lange sind keine der schwer beladenen, mit Koransprüchen verzierten LKWs mehr aus dem Sudan in den Tschad gerollt. Außer Matratzen, Tee und Gummireifen bringen sie kaum noch etwas vom ehemals üppigen Sortiment. Der Grenzverkehr ist fast zusammengebrochen, das lasse nichts Gutes ahnen, meinen die empörten Händler und spucken auf den Boden. Das Schurkenregime in Khartum gehe zu weit.

„Im Tschad fühlen wir uns den Menschen in Darfur sehr verbunden, wir haben ganz ähnliche Wurzeln", erklärt Emanuel. „Die Transsahara-Handelsrouten führen durch den Sudan und den Tschad. Und die Pilger aus Westafrika passieren auf ihrem Weg nach Mekka unsere beiden Länder."

Nachdem wir etwas Gemüse und vor allem Wasser für die lange Reise in den Nordosten an die Grenze zum Sudan, nach Tiné, gekauft haben, mahnt uns Emmanuel zur Eile. Er will heute noch so weit wie möglich kommen. Die Straßen seien voll von Flüchtlingen, die sich noch vor der Regenzeit durchschlagen wollen.

Mit unserem Geländewagen arbeiten wir uns auf Schotterpisten langsam voran. Je mehr wir uns dem Lager nähern, desto sichtbarer wird die Not. Wir sehen die ersten verendeten Rinder am Wegesrand. „Jetzt sind die Lager nicht mehr weit", meint Emanuel. „Rund um die Flüchtlingscamps ist das Wasser knapp, da bleibt oft nichts mehr übrig für die Tiere." Vor uns liegt Touloum mit seinen endlosen Reihen von Plastikplanen in der prallen Sonne. Die Zeltstadt platzt aus allen Nähten. Zelte, dicht an dicht, so weit das Auge reicht. Eine Megacity der Entwurzelten. Kein Baum, kein Strauch – alles verfeuert. Kein Schatten außerhalb der Zelte. Und es ist glutheiß, mindestens 45 Grad.

Kaum ist Emanuel aus seinem Geländewagen gestiegen, wird er schon von erregten Flüchtlingen umringt. Ihre Bitten prasseln auf ihn ein. Jeder Einzelne hat Fragen. Er versucht sie zu beruhigen, obwohl er weiß, dass er sie nur vertrösten kann. Hilflos schreibt er ihre Wünsche auf eine Liste.

Vor dem Lazarettzelt wartet mit Moussa Ousman, dem Sprecher der Flüchtlinge, ein ganzes Komitee auf den Krisenmanager. Schnellstens müssten neue Zelte her, noch vor der Regenzeit, erklären sie. Flüchtlinge aus denselben Dörfern sollten zusammengelegt werden, um alte Dorfstrukturen zu nutzen. Vielleicht könnte das den Menschen etwas Schutz und Geborgenheit vermitteln. Ratlos zuckt Emanuel mit den Schultern. Es gebe keine neuen Zelte, erklärt er dem Flüchtlingskomitee. Dann könnten die Flüchtlinge ja Hütten bauen, schlagen sie vor. Doch das, wendet Emanuel ein, sähen die Behörden im Tschad nicht gerne. Feste Bauten seien leider nicht erlaubt. Auch wenn allen klar ist, dass diese Flüchtlinge noch lange hier ausharren müssen, ist die Sprachreglung der Beamten, dass die Flüchtlinge so schnell wie möglich wieder zurückkehren werden. „Aber wohin sollen diese Hoffnungslosen schon gehen", meint Emanuel lakonisch.

Das Leben im Lager ist ein ständiges Gerangel um das Notwendigste und um ein wenig Platz, wobei sich die meisten der zwei Millionen Flüchtlinge erst einmal damit abgefunden haben, dass es an allem fehlt. Die 30-jährige Witwe Hawa Mwussa, die mit ihrer ledrigen Haut aussieht wie eine alte Frau, gehört zu den Neuankömmlingen. Wir wollen mit ihr über die neusten Entwicklungen jenseits der Grenze reden. Reiterhorden haben ihrem Mann in den Rücken geschossen. Er war auf der Stelle tot.

Zunächst begrüßen wir ihren Vater, einen spindeldürren, gebrechlichen alten Herrn. Mit seinen trüben, halbblinden Augen schaut er resigniert in die Ferne. Vom langen Treck durch den gesamten Westen des Sudan ist er vollkommen geschwächt und kann uns offensichtlich kaum sehen. Nach islamischem Recht ist er zwar offiziell das Oberhaupt der Familie, doch seine Tochter solle ruhig mit Emanuel und uns sprechen. Ihm fehle die Kraft. Die Familie aus einem kleinen Dorf bei Tullus konnte sich nur mit ein paar Habseligkeiten auf ihrem einzigen Esel über die Grenze retten. Der magere Esel musste abwechselnd ihre kranke Mutter und den Vater tragen. „Wir haben es gerade noch geschafft zu entkommen", sagt Hawa Mwussa. Ein Satz, den Emanuel schon tausendfach gehört hat.

„Bis zuletzt hatten wir gehofft, dass die Janjawid unser Dorf verschonen würden. Die meisten anderen Dörfer in der Umgebung waren längst dem Erdboden gleichgemacht. Wir haben geglaubt, sie hätten uns übersehen. Doch dann eines Abends kamen sie, diese ‚Teufel auf Pferden'", erzählt Hawa. „Die meisten der dreißig Dorfbewohner sind bei dem Überfall ums Leben gekommen. Diese Teufel werden so lange weitermachen, bis sie uns alle umgebracht oder vertrieben haben. Meine Tochter ist sechs Jahre alt. Sie ist mit diesem Terror und der ständigen Angst aufgewachsen. Sie kennt nichts anderes als Krieg. Allah möge uns schützen. Wenn es so weitergeht, wird meine Kleine ihr ganzes Leben lang auf der Flucht sein."

Hawas Mutter liegt geschwächt im Zelt. Die strapaziöse Flucht hat auch an ihr gezehrt. „Mit letzter Kraft hat es meine Mutter bis hierher geschafft, doch jetzt ist ihr so schwer ums Herz, dass sie noch nicht wieder aufgestanden ist, seit wir vor zwei Tagen angekommen sind. Sie wird es nicht überleben, wenn wir ihr erklären, dass wir wohl nie wieder in unsere Heimat zurückkehren können. Wie soll eine alte Frau das auch verstehen?"

Ob ihr Zelt dem Harmattan standhalten wird, weiß keiner. Zwar sind Hawa und ihre Familie den Massakern entkommen, doch müssen sie im Flüchtlingslager jeden Tag ums Überleben kämpfen. Allein die tägliche Wasserversorgung ist ein Albtraum. „Heute bin ich Nr. 380 in dieser Schlange", meint Hawa gefasst und zeigt auf ihre Tochter, die auf einem gelben Kanister in der langen Reihe von mehr als tausend Plastikbehältern sitzt. „Wir werden einige Stunden brauchen." Einen Behälter pro Familie, mehr geben die Brunnen nicht her. Das ist nicht annähernd das vorgeschriebene Mindestmaß der Weltgesundheitsbehörde.

Wir begleiten Hawa zum Lazarett, wo sie Medizin für ihre Mutter besorgen will. Wir warten in einem Zelt, in dem eine junge Ärztin von Médecins Sans Frontières ein stark dehydriertes Kind untersucht. „Der Gesundheitszustand der Flüchtlinge wird immer schlechter", erklärt uns die Französin. Ein völlig apathisches, kleines Mädchen liegt schwer hechelnd als völlig ausgetrocknetes Skelett in den Armen ihrer verängstigten Mutter. Es schwebt in Lebensgefahr. Wenn es nicht sofort in einem Krankenhaus an den Tropf kommt, wird es die nächsten Stunden nicht überleben. Es hat auf der langen Flucht mindestens die Hälfte seines Körpergewichts verloren. „Es ist von der Natur nicht vorgesehen, dass solch kleine Wesen derartige Strapazen überstehen müssen", sagt die 27-Jährige. Es ist ihr erster Einsatz an einer humanitären Front.

„Jede Nacht schleppen sich neue völlig ausgehungerte und unterernährte Sudanesen in unser improvisiertes Krankenhaus. Es ist eine Qual, sie leiden zu sehen." Die Ärztin horcht auf den schwachen Atem des Kindes. „Mit jedem Engpass an Nahrungsmitteln, breiten sich in den Camps Krankheiten und manchmal auch Seuchen aus." Eine humanitäre Katastrophe und eine politische Bankrotterklärung. Sie verspricht, nach Hawas Mutter zu schauen, doch im Augenblick sei gar nicht daran zu denken.

Vor dem Krankenhaus unter dem einzigen Baum weit und breit hockt der Ältestenrat. Seit Stunden versuchen die alten Männer aus ihrem kleinen Weltempfänger ein paar verständliche Nachrichten herauszubekommen. Den ganzen Tag kauern sie über dem Transistorradio, diskutieren ihre Lage und zeichnen Skizzen in den Sand. Der Empfang ist schlecht. Aus den Fetzen, die sie aufschnappen, werden sie nicht schlau. Al Bashir, Gerichtshof für Menschenrechte, Den Haag sind die Worte, die sie aufschnappen. Sofort kommt eine heftige Diskussion in Gang. Die Männer glauben schon lange nicht mehr daran, dass die internationale Gemeinschaft den sudanesischen Präsidenten für all diese Gräueltaten zur Rechenschaft ziehen wird. „Keiner kann ihn aufhalten", erklären sie resigniert. „Das ist ein systematischer Krieg, den die Regierung in Khartum mit ihren Reiterhorden gegen die afrikanischen Bauern führt", erklärt einer der Ältesten. Ganze Landstriche, in denen früher Bauern der schwarzafrikanischen Volksgruppen Fur und Zaghawa dem Sahel ihre Felder abtrotzten, sind mittlerweile entvölkert. Die Älteren werden das Lager wohl nicht lebend verlassen. Immer deutlicher müssen sie dieser Wahrheit ins Auge sehen, je länger der Feldzug gegen die Ackerbauern in Darfur anhält. Dennoch, sie wollen durchhalten, auf das Referendum im Jahr 2011 warten. Die vom Friedensvertrag vorgesehene Volksabstimmung soll die Zukunft des Sudan besiegeln. Doch schon jetzt steht für die Darfuris fest: Der Sudan steuert auf eine Abspaltung des Südens hin.

„Die Araber sind unersättlich", sagt der ehemalige Dorfschullehrer Elsadek Tajedin, „sie wollen alles für sich, nicht nur das Öl im Süden, sondern auch das im Westen und dazu unser fruchtbares Land. Sie wollen die Einkünfte nicht mit uns Afrikanern teilen, so wie sie es im Süden mit den Dinka machen müssen. Deshalb will die Regierung in Khartum uns aus dem Weg schaffen." Wer seine Grenze so dicht abriegle, habe etwas zu verbergen, raunt uns der Lehrer zu. „Wir müssen vorsichtig sein. Selbst hier im Lager sind Spitzel." Und uns wird klar, dass wir nun besser weiterziehen sollten.

Wir verabschieden uns von Hawa, die mittlerweile – nach sechs Stunden Wartezeit in der Schlange – am Brunnen von Touloum ihren Kanister mit Wasser gefüllt hat. Ihre kleine Tochter steht noch beim Mais an. „Wenn neue Hilfslieferungen eintreffen, dauert es nicht ganz so lang", meint sie beim Abschied.

Die Arbeit der Hilfsorganisationen wird zunehmend komplizierter. Nachdem die Janjawid-Reiter die Dörfer in Darfur flächendeckend niedergebrannt haben, setzt die sudanesische Regierung die Flüchtlinge nun in den Camps zu, indem sie die Hilfsorganisationen des Landes verweist.

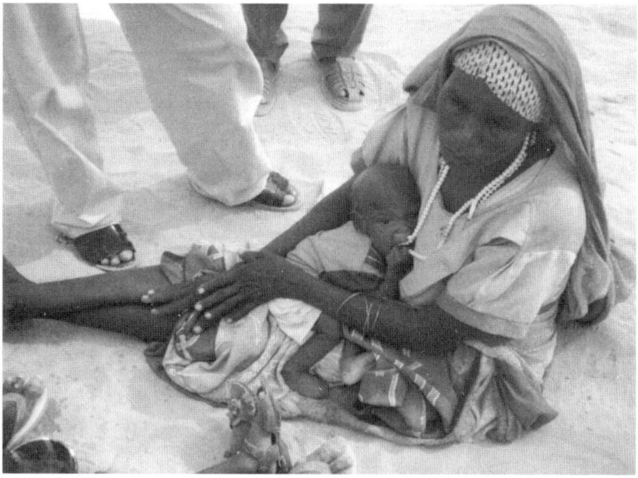

„Diese künstlichen Städte wird es wohl noch Jahrzehnte geben“, meint Emanuel. „Aber keiner will es wahrhaben.“ Hier oben ist der nicht enden wollende Flüchtlingsstrom aus dem Sudan zum Alltag geworden. Als afrikanischer Mitarbeiter einer Hilfsorganisation sieht er das Flüchtlingselend ziemlich abgeklärt. „Wenn die sudanesische Regierung die afrikanischen Bauern ausmerzen will, dann wird sie das tun. Und keiner wird sie stoppen. Die Regierung fühlt sich im Recht. Sie wird sich von niemandem in der Welt sagen lassen, dass sie in Darfur Menschenrechtsverletzungen begeht.“ Es ist ein Völkermord auf Raten, das steht für Emanuel schon lange fest. Die Ölvorkommen in Darfur waren das Todesurteil für die Bevölkerung. Die Darfuris haben die Regierung in Khartum ohnehin seit Jahrzehnten als Fremdherrschaft erlebt, die schlimmer mit ihnen umgeht, als die Kolonialherren es je getan haben. Der Staatsterror treibt die Menschen in die Arme der Rebellen. Mit jedem Überfall schließen sich mehr friedliche Dorfbewohner den Rebellenverbänden an.

„Für die Fur und die Zaghawa steht fest: nur weg aus dem Sudan“, sagt Emanuel. Er selbst zählt auch zum Stamm der Zaghawa, so wie Idriss Déby, der Präsident des Tschad. Seine Familie hat der Vater von vier Kindern seit drei Monaten nicht mehr gesehen. Emanuel war ständig für seine Hilfsorganisation unterwegs. Unermüdlich organisiert und begleitet er Transporte von Zelten und Lebensmitteln quer durch das Land und schaut in den Camps nach dem Rechten. „Die Sudanesen sind meine Brüder. Wir haben sie schon immer aufgenommen, wenn es ihnen schlecht ging, und sie uns.“ Anfangs habe man gedacht, dass das auch dieses Mal gelinge. Viele Menschen im Tschad hätten Flüchtlinge in ihren Häusern untergebracht und die Ernte mit ihnen geteilt. „Doch die Hilfe ist wie ein Tropfen auf den heißen Stein. Mit einer solchen Völkerwanderung hat keiner gerechnet.“

Am nächsten Morgen fahren wir weiter Richtung Nordosten, immer tiefer in die Halbwüste hinein, vorbei an Hunderten verendeter Rinderskelette. Es ist unerträglich heiß, nachts kühlt es kaum ab. Die Halbwüste verwandelt sich unmerklich in ein Meer von Sandböen. Vollkommen erschöpft von den Anstrengungen der letzten Wochen sitzt Emanuel kraftlos hinter dem Steuer seines Geländewagens. Es gelingt ihm kaum noch, gegen die Sanddünen anzusteuern. Immer wieder bleiben wir stecken und müssen unseren Wagen ausgraben. Der Motor überhitzt ständig, da der Schlauch zum Kühler immer wieder platzt. Gott sei Dank ist Martin, der Kameramann, mit dem ich unterwegs bin, wüstenerprobt und kann Autos reparieren.

Endlich erreichen wir Tiné. Für Zehntausende Flüchtlinge aus dem Sudan endet die Flucht vor den Toren der kleinen Grenzstadt im Norden des Tschad. Die meisten sitzen in der prallen Sonne, einige wenige haben sich aus Plastik und Müll wackelige Zelte zusammengeschustert. Hier harren die aus, die keine Kraft mehr haben, sich weiter ins Landesinnere zu schleppen, oder insgeheim die Hoffnung hegen, schon bald wieder in ihre Heimat zurückkehren zu können.

„Früher standen Bäume entlang der Grenze", erzählt uns Emanuel. „In ihrer Not haben die Flüchtlinge das kleine Wäldchen im Tal abgeholzt. Jetzt breitet sich dort ungehindert die Wüste aus und mit ihr die Sandstürme. Ein ökologisches Desaster."

Ausgemergelt hocken Tausende wie leblos auf ihren armseligen Bündeln. Manche von ihnen sind bereits seit vielen Monaten hier. Für die Hilfsorganisationen ist der Grenzstreifen eine Art Sperrzone. Da sie weder die Sicherheit der Flüchtlinge noch die ihrer eigenen Mitarbeiter garantieren können, haben sie von ihren Zentralen die Weisung, einen

Sicherheitsabstand von 60 Kilometern zur sudanesischen Grenze zu wahren.

Kraftlos erzählen uns die Flüchtlinge immer wieder dieselben Geschichten. Fast alle haben Odysseen durch die sengende Wüste hinter sich, vorbei an brennenden Häusern, Dörfern und Tierkadavern. Familien, die noch rechtzeitig vor dem Angriff aufgebrochen sind und wenigstens einen Teil der unmenschlich langen Strecke auf dem Esel zurücklegen konnten, mussten schließlich zusehen, wie ihre Tiere elend vor ihren Augen verendeten.

„Jetzt sind wir zwar hier, aber wir wissen nicht, woher wir unsere nächste Mahlzeit und Wasser bekommen sollen." Wir schauen in flehende Augen. Sie würden gerne weiter nach Touloum, doch es fehlt ihnen die Kraft, um diese Strecke auch noch durchzustehen. Die nächsten organisierten Camps sind mehrere Tage Fußmarsch entfernt.

Allah sei Dank, dass sie dem dämonischen Regime entkommen konnten, beten sie. „Sie töten uns Afrikaner, obwohl wir Muslime sind. Wir hatten nicht eine einzige Waffe in unserem Dorf", beteuern sie.

Es ist kein Krieg zwischen Soldaten, sondern ein feiger Feldzug gegen Zivilisten. Nur ein paar Ärzte der Organisation „Ärzte ohne Grenzen" fahren durch dieses Heer der Hilflosen, um wenigstens ein Mindestmaß an medizinischer Notversorgung zu gewährleisten. Verzweifelt versuchen sie, die vielen unterernährten Kinder zumindest so weit aufzupäppeln, dass sie den Transport in eines der organisierten Lager überleben könnten.

„Es ist unglaublich, wie freundlich die Menschen im Tschad diese Flüchtlinge anfangs aufgenommen haben", meint eine der Ärztinnen. Im Tschad erinnerte man sich noch an die große Dürre 1984, als die Leute aus dem Grenzgebiet vor marodierenden tschadischen Soldaten in die Obhut des Sudan flohen und dort aufgenommen wurden. Jetzt geht der Flüchtlingsstrom in die umgekehrte Richtung und mittlerweile muss die gesamte Region versorgt werden. Sie hängt am Tropf internationaler Hilfsorganisationen.

Das Mitleid der Bevölkerung stößt jedoch an ihre Grenzen. „Uns selbst geht inzwischen das Essen aus", meint Emanuel. „Die Ernten waren in den letzten Jahren nicht besonders gut. Aber bald dürfte Darfur sowieso menschenleer sein. Spätestens dann wird der Flüchtlingsstrom endlich nachlassen."

## Wächter des Südens

„Get up, stand up, don't give up the fight", der kämpferische Song des verstorbenen Reggae-Stars Bob Marley knarrt aus den Musikboxen in der Wellblechhütte von Grabeth Nduna. Der 29-Jährige aus der Volksgruppe der Xhosa lebt im Schatten des legendären Tafelbergs in einem kleinen Township namens Westlake, eine halbe Stunde Fahrzeit von Kapstadt entfernt. Auf nur acht Quadratmetern hat Grabeth ein Bett, einen Kühlschrank, eine Kochecke, eine Kommode und einen großen Fernseher verstaut, und zwar so, dass sogar noch ein Gang zwischen Wandbett und Haustür frei bleibt. „Wenn ich gewusst hätte, dass wir eines Tages so beengt hausen, hätte ich ihn nie geheiratet", sagt seine resolute Frau Vuvu lachend, während sie in der schmalen Gasse zwischen ihrer Hütte und der des Nachbarn die Wäsche aufhängt. Grabeth weiß, dass sie es nicht ernst meint. Beide träumen von einer größeren Wohnung. Das Versprechen dazu hat Grabeth seiner Frau gegeben. Die Kleidung trocknet hier nur langsam, denn die Sonne braucht in Westlake lange, bis sie sich über die Gebirgskette der Kap-Halbinsel schiebt. Vuvu war noch nie oben auf dem Tafelberg, aber sie weiß, wie wichtig er für Grabeth und letztlich auch für ihr Familienglück ist. Mittlerweile lebt Grabeth vom Berg.

Das Massiv ist die Ikone Südafrikas, die sich wie eine Kathedrale aus Stein hinter Kapstadt erhebt. Nirgendwo sonst thront solch ein Felsmonument direkt neben einer kosmopolitischen Metropole. Der Tafelberg ist majestätisch, stimmungsvoll und verlockend – beruhigend und bedrohlich zugleich. Der Legende nach ist er ein von Göttern verwandelter schlafender Riese, der als Wächter des Südens das Kap der Stürme vor den Angriffen des Meeresdrachen beschützt.

Für schwarze Südafrikaner war der Berg lange Zeit tabu. Während der Apartheid wurden die sogenannten „nie-blankes" von dort vertrieben. Den legendären „District Six" am Fuß des Berges, bekannt für seine pulsierende Künstlerszene, planierten die Bagger 1968 auf Anordnung der Regierung. Die rund 60.000 Bewohner des Viertels wurden in die sandigen und windigen Ebenen außerhalb Kapstadts, die „Cape Flats", zwangsumgesiedelt. Jene, die illegal in unwirtlichen Felsklüften des Tafelbergs Zuflucht suchten, bezeichneten die weißen Stadtbewohner als „Berchies", Leute, die vom Berg kommen. „Bis heute bleibt ‚Berchie' ein Schimpfwort für Obdachlose und Gestrandete", meint Grabeth wütend. Der heilige Tafelberg, eine Ahnenstätte der Buschmänner, dessen Heilkräuter die Khoi-Hirten und San-Sammler genau kannten, war zum kalten Monument weißer Herrschaft mutiert. Um ihn zurückzugewinnen, führt Grabeth mittlerweile regelmäßig Slumkids auf den Berg und versucht ihnen nicht nur die wertvollen Kräuter der Buschmänner zu zeigen, sondern auch die Magie des Berges.

Der „Hoerikwaggo", der „Berg im Meer", wie ihn die Khoisan nennen, ist heute ein Nationalpark, „für alle und für immer", wie das Versprechen der Parkverwaltung lautet. Den „Hoerikwaggo"-Pfad, der den Spuren der Ahnen über den Berg folgt, haben vierhundert ehemalige Arbeitslose zugänglich gemacht. Wie Grabeth arbeiten sie nun als Tourführer,

Träger und Wildhüter im Park, sodass der Tafelberg bereits den Beinamen „Berg der Arbeit“ bekommen hat.

Auch an diesem Wochenende will er wieder mit einer Gruppe von Kids hinaufgehen. Nach und nach trudeln die ersten von ihnen ein, kommen zu Fuß aus den wuchernden Elendsvierteln, die verheißungsvolle Namen wie Khayelitsha, „unsere neue Heimat“, Langa, „die Sonne“, oder Gugulethu, „unser Stolz“, tragen. Hunderttausende leben, arbeiten und sterben dort, eng zusammengepfercht in den sogenannten „shaks“, kleinen Hütten aus Holz und Blech. Die weißen Wohnbezirke liegen weit entfernt von den Townships, abgetrennt durch Autobahnen, Brachflächen und den Tafelberg.

Etwas verunsichert versammelt sich die Gruppe der Jugendlichen in einer kleinen Straße des Townships in Westlake. Keiner weiß so richtig, was ihn da oben auf dem Berg erwartet. Grabeth begrüßt sie zufrieden. Von hier aus blickt man über ein freies Feld, auf dem meckernde Ziegen im gammelnden Müll und in Plastiktüten wühlen, und auf die meterhohen Elektrozäune, Mauern und Wachtürme eines benachbarten Knastes. Von einigen haben Väter und Freunde dort eingesessen. Die Arbeitslosigkeit in den Townships ist hoch. Alkoholismus, Drogen und Gewalt gehören zum Alltag. Deshalb will Grabeth mit den Jugendlichen neue Wege beschreiten. „Lasst uns über den Horizont schauen“, stimmt er sie ein. Als Heranwachsender sei er selbst jahrelang durch die muffigen „Shebeens“, die alkoholischen Tankstellen in den Hinterstuben der Elendsviertel, gezogen, doch heute trinke er keinen Alkohol mehr. Und wenn er es geschafft habe, dann könnten sie das auch, sagt Grabeth, der in Westlake längst eine Institution ist, respektiert wird und den seine Nachbarn um Hilfe bitten. Nach einer Knieverletzung suchte der ehemalige Amateurfußballer mit Spitznamen „Kaizer“ nach neuen Aufgaben und fand sie schließlich im Nationalpark. Als die Verwaltung des Table Mountain National Park auf die Idee kam, Bewohner der ärmeren Viertel zu Tourführern auszubilden, witterte der ehemalige Gärtner seine Chance. Er schaffte alle Prüfungen und seither begleitet er Touristen durch Kapstadt und dann hinauf auf den Tafelberg.

Der „Hoerikwaggo"-Pfad führt durch schmale Schluchten und Urwälder, über mächtige Steinbrocken und durch diesige Heidelandschaften. Wissen aus Biologie und Geologie, Erste-Hilfe-Handgriffe und auch Kenntnisse über Theater und Kommunikation eignete sich der ehrgeizige Bergführer für diese anstrengenden Wanderungen an. „Allein auf dem Tafelbergplateau wachsen mehr Pflanzen als in ganz Deutschland", erklärt er seinen deutschen Reisegruppen.

Nach einigen Monaten als Wanderführer beschloss er, nicht nur den weit gereisten Gästen die Schönheiten des legendären Berges vor Augen zu führen, sondern auch denen, die wie er im Schatten dieser Bergkette aufgewachsen sind, aber selbst nie oben waren. Grabeth gründete „Sekusile", Sonnenaufgang, eine Jugendorganisation, in der sich die Kids treffen, reden und manchmal auf den Berg steigen. Seine Schützlinge waren noch Babys und kleine Kinder, als Nelson Mandela 1994 erster schwarzer Präsident der freien Republik Südafrika wurde. Von der großen Politik wissen sie so wenig wie von der Gebirgskette. Der alltägliche Überlebenskampf beansprucht sie vollständig.

Für den inhaftierten Nelson Mandela sei das aufragende Bergmassiv immer eine Orientierung gewesen, ein Ziel, erklärt er ihnen. Von der Gefängnisinsel Robben Island habe er auf den Berg in Richtung Festland gesehen und er habe sich für ihn und seine Mithäftlinge wie ein Symbol der Freiheit erhoben. Sofort nach seiner Freilassung 1990 besuchte er den Berg.

Für die jugendlichen Anwohner ist der steil aufragende Gigant bisher nur eine gewaltige Kulisse. Unbekannt, fremd und dunkel. Das soll sich ändern. Endlich geht es los. „Ich hoffe, da oben gibt es vernünftige Wege“, sagt Gcobisa, ein junges Mädchen mit langen Rastalocken, während sie abschätzend hinaufblickt und fragend mit den Schultern zuckt. „Wilde Tiere gibt es auf jeden Fall nicht mehr“, beruhigt sie ihre Freundin Zanele und dann kichern beide los. Grabeth Nduna lächelt. Er kennt die Ängste und Vorurteile der jungen Leute. „Von hier unten wirkt der aufragende Berg bedrohlich. Aber da oben werdet ihr den lebendigen Geist der Natur spüren“, verspricht er. Skeptisch lauschen die Jugendlichen seinen Worten. Viele bezweifeln, dass sie den ganzen Weg wirklich schaffen werden. Auch Gcobisa. Doch das Gemeinschaftserlebnis lockt und niemand von den „cool kids“ möchte vor den anderen kneifen.

In einem Kleintransporter fahren sie zuerst in Richtung Simon's Town, einem Vorort von Kapstadt mit historischen Vorzeige-Villen wie aus einem Werbeprospekt. Die Jugendlichen würde es normalerweise nicht in diese edle Gegend ziehen, womöglich würde man sie hier argwöhnisch beobachten. Gediegene Häuser, teure Souvenirshops, schicke Restaurants – eine andere Welt. Die Badestrände und die Felsküste vor dem beschaulichen Simon's Town haben sich seit gut zwanzig Jahren Tausende flugunfähiger Seevögel als Brutplatz ausgewählt: afrikanische Pinguine. Sie locken unzählige Touristen mit dicken Geldbörsen in den Ort.

Vorsichtig nähert sich die Jugendgruppe um Grabeth den brütenden Vögeln. Die Großstadtkids haben keine Beziehung mehr zur Natur, sie wissen wenig über Tiere. Einige trauen sich schließlich, das Gefieder der kleinen Kreaturen mit dem Handrücken zu streicheln, auch wenn sie großen Respekt vor den harten Hornschnäbeln haben. Grabeth freut sich über die erste vorsichtige Annäherung.

Die Jugendlichen grinsen, als ihnen Grabeth erzählt, die Zuwanderer seien so lästig, dass die Parkbehörde eine eigene Pinguinpolizei aus Bewohnern der Townships rekrutiert. Jede Nacht sammelt die uniformierte Bürgerwehr die Frack tragenden Vögel ein und schleppt sie an den Strand zurück, denn für die Anwohner sind sie Eindringlinge, die in die pittoresken Vorgärten klettern, Löcher wühlen und den gepflegten Rasen aushöhlen. Plötzlich schauen die Jugendlichen mit völlig anderen Augen auf die „underdogs", die keinen Respekt vor den Reichen zeigen. „Die Vögel passen wunderbar ins neue Südafrika", meint Grabeth. „Sie sind weder schwarz noch weiß, sie sind beides zugleich. Ein Pinguin als Nationaltier?" Ein Lacher für die Kids. Am Rande des stetigen Ansturms der Touristen steigen die Jugendlichen wieder in ihren Kleinbus, der sie zu einem Parkplatz am Hang des Tafelbergs kutschiert.

Den befestigten Sandweg der Parkverwaltung nehmen die Jugendlichen mit ihren ausgelatschten Sandalen noch gelassen. Ihre Handys sind ihnen wichtiger als zwitschernde Vögel. Grabeth lässt ihnen Zeit. Sie sollen ihre eigenen Erfahrungen machen. Sie sollen den Berg als ihre persönliche Freiheit kennen und schätzen lernen. Ein „Kap-Krokodil", das sich auf einem Stein in der prallen Sonne seinen Körper wärmt, nehmen die meisten kaum wahr. Die fingerlange, harmlose Eidechse, sieht mit ihrem gemusterten schwarzen Panzer einem Miniatur-Krokodil verblüffend ähnlich. Während die Jugendlichen ihre mitgebrachten Sandwiches kauen, schüttet Grabeth einen Schluck Wasser über die weißen Blüten der „Everlasting"-Blume. Die als Kap Schnee bekannten Pflanzen wirken zunächst wie getrocknete Strohblumen. Doch in Sekundenschnelle schließen sie ihre Blüten und scheinen das geschenkte Wasser festhalten zu wollen. Die Jungen und Mädchen staunen. „Hier oben", erklärt Grabeth, „sammeln die Pflanzen die Feuchtigkeit, die sie zum Leben brauchen, fast nur aus dem Nebel, der den Berg überzieht."

Nach einigen Stunden Aufstieg und etlichen kleinen Naturwundern, werden die Schritte schwerer. Vergeblich versuchen die Wanderer Verbindung zur Zivilisation zu halten. Ihre Mobiltelefone versagen, die Besitzer schütteln sie, klopfen darauf und fluchen. Grabeth zaubern diese Reaktionen nur ein müdes Lächeln aufs kantige Gesicht, er kennt diese Sorte naturentwöhnter „Cityslickers". Ihre Laune sinkt mit jedem Höhenmeter, hoch oben ist halt „nichts los" und der Weg ist anstrengend. Frösche, Farne und Vögel am Wegesrand sind ihnen ziemlich egal. Immer tiefer dringen sie in den Bergwald mit seinen verschlungenen Bäumen und hängenden Lianen ein. Traditionell gelten die Urwälder als die Heimat der Seelen verstorbener Ahnen. Auch die Stadtkinder mit ihren Handys bleiben vom alten Glauben nicht unbeeindruckt und wollen die Untoten besser nicht stören.

An einem plätschernden Quellbach bittet Grabeth die Kids nicht nur, ihre Wasserflaschen zu füllen, sondern auch, sich auf den Boden zu setzen und zurückzulehnen. Für eine Minute schließen sie die Augen und lauschen der kleinen Wassermusik, die nach wenigen Sekunden mit ihrem Plätschern, Rauschen und Sausen, mit ihrem Summen, Zwitschern und Zirpen zur Natursymphonie anschwillt. „Das ist echt abgefahren", schwärmt Gcobisa ihrer Freundin Zanele vor. Die aber findet es befremdlich und vermisst die Alltagsgeräusche der Stadt.

Gegen Abend wird es weiter oben kühler. Pfeifend zieht der Wind über die Heidelandschaft, in schnellem Tempo ziehen bedrohlich dichte Wolken auf, Nebelschwaden hängen über dem Buschkraut, überziehen den Tafelberg wie eine Tischdecke. An der Westseite des Gebirges fallen diese Wolkenschichten über die scharfe Kante des Felsens und lösen sich kurz darunter auf, ein von unten betrachtet einzigartiges Naturschauspiel des südafrikanischen Sommers. Der

erfrischende Wind wird von den Kapstädtern als „Kap-Doktor“ bezeichnet; bringt er doch an heißen, stickigen Tagen wohltuende Erfrischung über die aufgeheizte und mit Abgasen verpestete Millionenmetropole.

Während unten die vielen bunten Lichter der Großstadt im letzten blauen Licht des endenden Tages flimmern, versammeln sich die Jugendlichen am knackenden Holzfeuer. Dick eingepackt in wärmende Jacken und Pullover flechten sie sich die Haare und reden über ihre Probleme im Township, vom arbeitslosen Vater, der trinkenden Mutter und Brüdern, die im Knast sitzen.

In Westlake, wie auch andernorts, unterstützte die Regierung junge Familien in den engen Slums mit dem Bau kleiner Steinhäuser, umgeben von schmalen Gärten. Durch sogenanntes „Upgrading“ sollten die Elendsviertel aufgewertet werden. Doch weil sich viele zusätzliche Einnahmen versprachen, haben sie die Vorgärten erneut mit Blechhütten bebaut, in denen Mieter Bares bringen. Manche, so Grabeth, zögen sogar selbst wieder in eine Blechhütte, um das eigene Steinhaus gewinnbringend zu vermieten. Längst sei Armut auch kein Problem der Hautfarbe mehr, sagt er. Auf Anhieb kann er sieben Weiße nennen, die in der Siedlung eine billige Bleibe gefunden hätten. „White Trash“ schimpft man die hellhäutigen Außenseiter der neuen Unterschicht und fast jeder hier kennt im Slum den ein oder anderen weißen Hilfsarbeiter, der im Apartheidstaat Vorarbeiter gewesen wäre. Mit diesen Geschichten schlüpfen sie von Müdigkeit übermannt in ihre Schlafsäcke.

Am nächsten Morgen löst die wärmende Sonne schnell die Dunstschicht über der einsamen Berghütte auf. Singend stapfen die gut gelaunten Jugendlichen durch die offene Heidelandschaft. Gelegentlich huscht ein „Rock Dassie“, ein murmeltierähnlicher Klippschliefer, an ihnen vorbei. Löwen,

Leoparden und Nashörner sind am Kap längst ausgerottet. Geblieben sind ein paar Paviane. Doch die aufdringlichen Wegelagerer werden von jungen arbeitslosen Männern als Bodyguards bewacht. Auf Schritt und Tritt folgen die Leibwächter den Pavianen bei ihren Wanderungen über den Berg. Bei Bedarf sperren sie Landstraßen oder verjagen die Tiere laut klatschend, schreiend und mit Zwillen.

Immer häufiger wandern die Kids nun über steinigen Untergrund. Die Vegetation wird spärlich, die Wege ziehen sich in die Länge. Hoch oben begegnen sie Frauen aus den Townships in gelb leuchtenden Anoraks, die, ausgerüstet mit Schutzbrillen, singend Pflanzen ausreißen. Mühsam entfernen die Frauen für ein paar Rand pro Tag die grüne Hinterlassenschaft der Kolonialherren, als „Pest plants" gefürchtete Fremdlinge. Vor allem australische Baum- und Straucharten wurden hier einst eingeführt, um genügend Brenn- und Baumaterial für die weißen Siedler zu haben. Nicht nur, dass diese fremden Pflanzen die ursprüngliche Flora verdrängten, sie haben noch einen weiteren Nachteil: Durch das zusätzliche Holzangebot werden die natürlich auftretenden Feuer am Tafelberg heißer und dauern länger an. Auch die sonst feuerresistenten Gewächse verbrennen dadurch und die im Boden befindliche Samenbank gleich mit. Darüber hinaus bedrohen die starken Flammen die am Berg lebenden Bewohner. Nun versucht die Verwaltung des Nationalparks mit Hilfe der Frauen gegen die eingebürgerten Eukalyptus-, Eichen- und Kiefernarten vorzugehen. Um die ursprüngliche Flora zu stärken, werden einheimische Setzlinge aus dem berühmten Botanischen Garten Kirstenbosch von den Gärtnerinnen nachgepflanzt. Der ökologische Umbau des Tafelbergs wird noch Jahrzehnte dauern, zumal eine Lobby älterer weißer Herrschaften jedes Mal protestiert, wenn die Schatten spendenden, aber ökologisch sinnlosen Kiefern gefällt werden sollen. Statt zu sägen, wartet die Nationalparkverwaltung also auf den natürlichen Tod der kolonialen Gehölze und vielleicht auch auf den der alten weißen Dickköpfe. „Die kleinen Nachkommen werden gerupft, die großen Bäume lässt man stehen, nur so hält man den Protest in Grenzen und kommt doch zum Erfolg", meint Grabeth.

Schwitzend erreichen die jungen Wanderer gigantische Felsvorsprünge, die hoch über dem steil abfallenden Ufer den Blick auf den blauen Ozean ermöglichen. Sie juchzen, jubeln und lachen. Ein wenig kitzeln die Nerven bei den waghalsigen Kletterpartien in luftiger Höhe, aber genau das sind die Abenteuer, die Grabeth Nduna seine Schützlinge erleben lassen will. Über steile, schmale Kraxelpfade erreichen sie schließlich nach zwei anstrengenden Tagen das Plateau auf 1087 Metern über dem Meeresspiegel. Fünfzig Kilometer weit schweift der Blick frei über das grün gedeckte Kapgebirge, die wilde Küste und den tiefblauen Ozean. Wie von Geisterhand ziehen plötzlich weiße Nebelschwaden heran und umspielen die fröhlichen Gesichter der Jugendlichen. „Ich bin jedes Mal stolz, wenn ich es mit meinen eigenen Füßen hier hoch geschafft habe", gesteht Grabeth Nduna. „Man fühlt sich dann wie ein kleiner Held." Und die jungen Leute wedeln mit den Armen, als wollten sie abheben wie der vor den Wolken kreisende Adler. Eine gute Stunde verbringt die Jugendtruppe zwischen Himmel und Erde und sammelt Kraft. Wie eine Miniaturlandschaft breitet sich das Kapvorland am Fuße des Tafelbergs aus. „Heeii thereeee", rufen sie laut, schwach kommt ein Echo zurück. Hat der Berg mit ihnen gesprochen? In den ausgewaschenen Fels- und Steinfragmenten erkennen einige Gesichter von Zauberern, andere die Konturen wilder Tiere. Der Tafelberg entwickelt sich bei den Kids zum Schutzgebiet für ihre Fantasie. „Meine Knie wackeln, das war zu viel", jammert Gcobisa. „Das sind wir alles zu Fuß gegangen? Ich kann nicht mehr." Grabeth weiß, dass die Anstrengungen bald vergessen sein werden. „Die Bergbesteigung kann der Anfang sein, das Leben mit anderen Augen zu sehen", meint er. Zwei Tage lang mussten sie alle Sinne öffnen und schärfen. Von hier oben erscheint ihnen ihre Siedlung winzig. „Nun wissen sie, es gibt noch viel Größeres und Schöneres als ihr Township. Das ist sehr wichtig, wenn man tagtäglich mit all den Problemen dort konfrontiert wird." Eines Tages will er sich selbstständig machen, Ökotouren veranstalten, eine eigene Firma gründen und mehr Geld verdienen. „Dieser Berg bedeutet mir sehr viel. Ihm habe ich einen Job zu verdanken und viel Inspiration, mehr noch, er führt mich durchs Leben. Wer auch immer den Tafelberg geschaffen hat – er hat etwas wirklich Großes getan."

## Endstation Hoffnung

### Das Geschäft mit den Träumen

Eng zusammengekauert, in Decken gewickelt hocken die Männer auf dem blanken Zementboden und tuscheln. Nur wenige von ihnen haben die Nacht in dem Internierungslager, das die Flüchtlinge „Guantanamo" nennen, auf einer Matratze verbracht. Mamadou Ndiaye, ein junger Fischer aus dem Senegal, lehnt an der Seitenwand, eingehüllt in einen hellblauen Anorak und einen Schal. Beides hatte er sich für die Flucht ins kalte Europa gekauft. Seine Hose und das Bündel mit seinen sämtlichen Habseligkeiten sind beim Gerangel mit den mauretanischen Sicherheitsbeamten ins Meer gefallen.

Das Boot hatte schon fast internationales Gewässer erreicht, aber dann seien sie von einem Patrouillenboot der mauretanischen Küstenwache eingeholt worden, erregt sich Mamadou. Einige Flüchtlinge hätten sich mit den Polizisten angelegt, andere seien panikartig ins Wasser gesprungen. Doch die Beamten hätten sie kurzerhand aus der See gezogen und das Boot zurück in den Hafen dirigiert.

Völlig erschöpft und entmutigt wartet der 23-jährige Mamadou nun in den feuchten Gefängnismauern der Hafenstadt Nouadhibou im Norden Mauretaniens auf seine Abschiebung.

Wir haben uns zu ihm gesetzt und hoffen, dass uns die Beamten alleine mit den Häftlingen reden lassen werden.

Monatelang habe seine Familie im kleinen senegalesischen Fischerdorf Thiaroye-sur-mer am Rande von Dakar für seine Überfahrt gespart, erzählt Mamadou traurig. Seine Mutter habe jeden Geldschein, den die Familie nicht unbedingt zum Überleben brauchte, in ihren Büstenhalter gestopft und die Münzen in einer verrosteten Dose gesammelt, die keiner anrühren durfte, nicht einmal sein Vater. Am Ende hätte seine rheumakranke Mutter ihm das Geld feierlich übergeben und alle hätten gemeinsam gebetet. Er, der Hoffnungsträger, sollte mit den Ersparnissen im fernen Europa einen Job finden. Doch jetzt fühle er sich wie gelähmt.

Die nervliche und körperliche Anstrengung der Flucht ist dem jungen Senegalesen deutlich anzumerken. Dennoch wird er es wieder versuchen, so viel steht für ihn fest.

Einige der Häftlinge, die es schon mehrfach probiert haben und erfahrener sind als Mamadou, haben ihn auf Websites aufmerksam gemacht, auf denen die besten Reisepakete für die Flucht nach Europa zu finden sind. Der Preis hängt davon ab, ob das Boot aus Stahl oder Holz ist, wie viele Motoren es hat oder ob es mit GPS ausgestattet ist. Auch könne man sich im Internet über den Wellengang und die Winde informieren. Sobald er sich aufgerappelt habe, sagt Mamadou, werde er erst einmal in Dakar als Autowäscher arbeiten. Nächstes Mal wolle er die Summe alleine zusammenkriegen. Das Geld seiner Mutter aber sei weg.

Schallendes Gelächter reißt Mamadou aus seinen bitteren Gedanken. Die mauretanischen Beamten gießen über einem kleinen Stövchen genüsslich ihren Minztee auf und machen sich über die Flüchtlinge lustig. Sie verspotten sie als „harragas“, als Papierlose, die ihre Vergangenheit verbrennen. „Wie kann man nur so verrückt sein und 600 oder sogar 700 Euro für diese Höllenfahrt über den Atlantik auf den

Tisch blättern?", tönen die Uniformierten provozierend. „Da ist ja ein Flug billiger", rufen sie herüber, während sie mit großer Genugtuung ihre Teezeremonie zelebrieren.

Die „clandestins", die sich heimlich aus dem Staub machen wollen, sind in Mauretanien nicht mehr gern gesehen, seit es immer mehr Westafrikaner in den Wüstenstaat treibt. Auf dem Höhepunkt einer Auswanderungswelle tauchen Tausende Verzweifelter bei Freunden oder Verwandten im Umkreis der Hafenstadt unter. Für die strenggläubigen Muslime ist es eine Selbstverständlichkeit, Mitglieder ihrer Großfamilien aus Mali oder dem Senegal zu beherbergen. Doch mittlerweile schnappen die „clandestins" den Mauretaniern in dem kleinen Hafen die Arbeit weg. Im Vergleich zum Senegal läuft der Fischfang in Mauretanien noch recht gut. Hier liegen die reichsten Fischgründe der gesamten Westküste. Die tiefen Gewässer gelten unter Meeresbiologen als die Kinderstube für einen großen Teil der Atlantikfische. Bisher haben die aggressiven internationalen Fischflotten dieses Revier noch nicht so leer gefischt wie die südlichen vor der Küste des Senegal oder Ghanas. Wochenlang schuften die „clandestins" für Hungerlöhne auf alten mauretanischen Kuttern, um mühsam das Geld für die Überfahrten nach Gran Canaria zusammenzukratzen.

Auch Mamadou hatte sich wochenlang in den „kébbés" versteckt, den Elendsvierteln dieses staubigen Nests, wo die Teerstraßen enden und zu sandigen Gassen werden.

„Der Anruf des Schleppers war wie ein Erlösung", erzählt er. Endlich war sein Traumziel Europa ein Stück näher gerückt. Nachts war er mit seinen Freunden zum verabredeten Treffpunkt gelaufen. Der Wind stand günstig.

„Die Küstenwache hat uns nur geschnappt, weil unser Schlepper so gierig war", schimpft Mamadou. „Eigentlich hatten nur vierzig Menschen in dem Holzboot Platz, doch

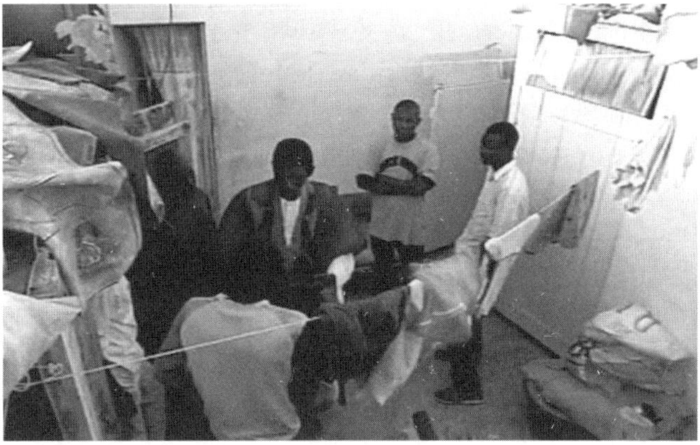

dann hieß es, wir sollten fünfzig mitnehmen." Deshalb seien sie zu spät losgefahren und nur langsam vorangekommen.

Die jungen Bootsflüchtlinge aus Thiaroye-sur-mer kennen sich seit ihrer Kindheit und sind oft gemeinsam zum Fischen rausgefahren. Doch der Fischfang bringe von Jahr zu Jahr weniger, erzählen sie desillusioniert. Lebensmittel und Kleidung werden hingegen immer teurer. „Ihr in Europa habt die Wahl", meint Mamadou. „Ihr arbeitet in schönen Hochhäusern. Da könnten wir doch die Drecksarbeit machen, die Arbeit, die keiner von euch machen will. Und wir könnten unseren Familien Geld nach Hause schicken und nach ein paar Jahren mit etwas Erspartem zurückkehren."

Die fünf Senegalesen hatten einander geschworen, sich auf der langen Überfahrt gegenseitig zu beschützen. Man werde von den Mitreisenden nachts einfach über Bord geschmissen, wenn man vor Erschöpfung einschlafe, so hatte man ihnen erzählt.

Plötzlich geht ein Ruck durch die Sicherheitskräfte. Die Flüchtlinge springen auf, feixen und jubeln. Einer der Häftlinge ist über die Dächer entkommen. Fluchend versuchen die Beamten ihm nachzustellen. Doch der junge Malier ist längst verschwunden. „Ihr werdet schon sehen, was ihr von eurer Arroganz habt. Bald ist auch eure Küste leer gefischt", rufen sie triumphierend zu den Beamten hinüber.

Unser Übersetzer, ein hagerer Mauretanier, hat unauffällig sein Handy aus der Tasche gezogen und bietet Mamadou an, zu Hause anzurufen. Sofort rücken die anderen näher und setzen sich schützend um uns herum, damit die Beamten Mamadou nicht sehen können. Dem jungen Senegalesen graut davor, seiner Mutter zu beichten, dass alles schiefgelaufen ist, dass sich all ihr Erspartes in Luft aufgelöst hat. Er würde es ihr lieber persönlich sagen. Doch er weiß, dass sie sich große Sorgen macht. Stumm laufen ihm Tränen über das Gesicht, als er das Handy an sein Ohr drückt. Seine Mutter werde für seine baldige Rückkehr beten, hatte die gläubige Frau versichert. Mamadou kramt ein altes Foto aus dem Anorak. Beschämt und aufgewühlt zieht sich Mamadou in die Kapuze seines hellblauen Anoraks zurück. Wie soll er ihr vor seinem kleinen, windschiefen Elternhaus gegenübertreten?

Wir sind mit einem vermummten Mann verabredet, der sich den Decknamen Doulendou gegeben hat und als Mittelsmann und Schlepper arbeitet. Früher hat er Flüchtlinge über Marokko nach Europa gebracht. In seinem Handy sind Telefonnummern von Interessenten bis aus dem Kongo gespeichert. „Mein Telefon ist mein Büro", sagt der Mauretanier lachend. Von seinem Gesicht sehen wir nur einen schmalen Schlitz. Selbst seine Augen sind hinter einer Sonnenbrille versteckt. „Es ist alles eine Frage des Preises", sagt Doulendou. „Es gibt immer ein paar Polizisten, die sich schmieren lassen. Momentan sind die Preise aber in den Himmel geschossen. Man muss warten, bis sich die Lage wieder beruhigt." Er müsse ganz schön auf die Fischer einreden. Sie wollen nicht so recht. Das Geschäft mit den Flüchtlingen sei zu riskant.

Nachdem Marokko hermetisch abgeriegelt worden sei, sei der mauretanische Hafen für die Flüchtlinge Westafrikas eines der wichtigsten Tore nach Europa, erklärt er uns. Vor allem ziehe es immer mehr Menschen aus Mali, dem Senegal, Guinea und Ghana nach Europa, seit die ehemals starke ivorische Wirtschaft zusammengebrochen ist und es dort keine Jobs mehr gibt. Ganz normale Leute, nicht nur Bürgerkriegsflüchtlinge aus dem Kongo oder Liberia, die einfach nur rauswollten aus dem Dreck.

Doulendou führt uns in die „kébbés". In einem kleinen Holzverschlag in einem Hinterhof sitzen acht junge Männer auf ihren gepackten Koffern und Rucksäcken und trinken Tee. Sie leben auf engstem Raum, schlafen gestapelt wie Sardinen. Keiner von ihnen hat eine klare Vorstellung davon, was ihn in Europa erwartet. Aber ihr unbändiger Wille ist stärker als die Angst. Immer wieder schauen sie nervös zur Tür. Seit ein paar Tagen streifen Polizisten durchs Viertel.

„Ich habe es schon einmal über Marokko versucht, aber es hat nicht geklappt, obwohl es nur 200 km waren. Wir hatten Pech", erzählt uns Djibi Dione, ein Fischer aus St. Louis im Norden Senegals. „Unser Schlepper hatte uns betrogen. In dem Benzinkanister, den er uns als Reserve mitgegeben hatte, war nur Salzwasser. Ohne unseren Motor trieben wir ab und haben völlig die Orientierung verloren. Dann ging uns das Essen aus und unser Trinkwasser. Die spanische Küstenwache rettete uns zwar das Leben, ließ uns aber später abschieben. Die Überfahrt von Mauretanien ist zwar gefährlicher, aber inzwischen ist sie für uns die einzige Möglichkeit." Die 600 Euro für die Überfahrt hat er sich als Straßenverkäufer zusammengespart. Djibi Dione will in Spanien neu anfangen. „Im Senegal gibt es keine Perspektive, nur Armut. Seit zwei Jahren bin ich arbeitslos. Ich bin müde vom Warten und Herumlungern. Es gibt einfach keine Jobs."

Als es an dem engen Holzverschlag klopft, greift Panik um sich. Wenn die Polizei jetzt auf sie aufmerksam würde, müssten sie sofort zurück in die Heimat. Manche haben komplizierte Odysseen hinter sich. Durch die Ritzen im Holz erkennen sie einen kleinen Jungen aus der Nachbarschaft. Sie hatten ihn losgeschickt, um neue Batterien für eine Taschenlampe zu kaufen.

„Zu Hause habe ich einen Computerkurs angefangen, aber dann ging mir das Geld aus, weil ich mit dem Fischen einfach nicht genügend verdient habe", sagt Djibi Diones Freund Sebestian Samké. Er wolle in Europa in einer Autowerkstatt oder in einer Fabrik arbeiten. Hauptsache, er könne seiner Familie etwas Geld nach Hause schicken. Das sei er ihnen als ältester Sohn schuldig.

Doulendou drängt zum Aufbruch. Wir verabschieden uns und packen unsere Kamera wieder in einen Rucksack, um nicht als Fernsehteam aufzufallen. Vorsichtig stehlen wir uns aus dem dunklen Holzverschlag. Es wäre fatal, wenn wir auf das Versteck der Männer aufmerksam machen würden.

Auf unserer Fahrt kommen wir am Strand vorbei. Hier am Stadtrand von Nouadhibou ist Doulendou aufgewachsen. Ein paar Menschen hausen hier in notdürftig zusammengezimmerten Verschlägen in der prallen Sonne wie auf einer Müllhalde. Kein Baum, keine Palme. So wolle er nie wieder leben, meint der vermummte Mann. Dafür nehme er alles in Kauf, selbst dieses niederträchtige Gewerbe. Sein Sohn solle einmal in Europa leben. Und bis dahin wolle er so viel Geld verdienen wie möglich. „Guckt euch das hier doch an! Hier gibt es keine Schulen, keine Ärzte, keine soziale Absicherung, nichts. Die Kinder sind den ganzen Tag in der Sonne. Sie haben Glück, wenn sie überleben. Auch wenn sich Europa abschottet, wir werden immer Schlupflöcher finden", sagt Doulendou. „Dafür zahlen wir jeden Preis, wie in einer Lotterie des Lebens."

Als wir am späten Nachmittag zum Gefängnis zurückkehren, um noch einmal nach den Häftlingen zu sehen, steht dort bereits ein alter blauer Lieferwagen, der die Senegalesen zur Grenze bringen soll. Vielleicht wird er sie auch irgendwo in der Wüste Mauretaniens absetzen. Als Mamadou Ndiaye abgeführt wird, fällt er vor dem Auto auf die Knie und küsst das Kreuz, das ihm seine Mutter mitgegeben hat. Mit aller Kraft stemmt er sich gegen die Sicherheitsbeamten. Er besteht darauf, eine vernünftige Hose zu bekommen. Er könne unmöglich in einer Unterhose in sein Dorf zurückkehren. Seinen hellblauen Anorak könne er eintauschen gegen eine vernünftige Hose, fleht er.

Doch die mauretanischen Beamten lassen sich davon nicht beeindrucken. Sie sind ohnehin verärgert über die vielen Waghalsigen, die es nächste Woche sofort wieder versuchen werden. Unsanft stoßen sie ihn in den heruntergekommenen Lieferwagen und verriegeln die Tür mit einem Vorhängeschloss. Mitarbeiter des Roten Halbmonds reichen den Flüchtlingen schnell noch einige Wasserflaschen durchs Fenster für die lange Strecke durch die Wüste.

Mamadous Mutter wartet unterdessen angespannt und voller Sorge auf die Rückkehr ihres Sohnes. Seine Heimat Thiaroye-sur-mer, das sich seit seiner Einverleibung durch die senegalesische Hauptstadt und den Bau großer Wohnblöcke zu einem sozialen Brennpunkt entwickelt hat, ist ein Ort der Perspektivlosigkeit. Die bunten Pirogen am Strand, einst der ganze Stolz der Fischer, sind nur noch ein Andenken an eine bessere Zeit. Der Strand hat sich in eine stinkende Müllkippe verwandelt, nachdem die Menschen einsehen mussten, dass ihre wütenden Proteste gegen die Fangflotten nichts bewirkten.

Aus keinem anderen Stadtteil von Dakar wagen mehr junge Männer die 1.500 km lange, oft tödliche Reise in eine vermeintlich bessere Welt.

Auch von Dakar legen beinahe täglich Fischerboote ab, mit Ziel auf die Kanarischen Inseln. Diejenigen, die nicht wie Mamadou und seine Freunde das 500 km weiter nördlich liegende Nouadhibou zum Ausgangspunkt ihrer Flucht wählen, haben eine ungleich gefährlichere Fahrt vor sich. Bei Windstille, Sturm oder Wasserknappheit an Bord entscheidet die größere Entfernung häufig über Leben und Tod.

Bei einem meiner Besuche in Thiaroye, treffe ich auf eine Gruppe von Frauen, die dort gegen die illegale Auswanderung mobil machen. Viele von ihnen haben ihre Söhne und Männer verloren. „Früher war dieser Stadtteil voll mit jungen Männern", erzählt mir Aby Samb, eine trauernde Mutter. „Heute sind kaum welche auf den Straßen, weil sich viele abgesetzt haben oder bei der Flucht nach Europa umgekommen sind. Wir wollen verhindern, dass noch mehr von ihnen ihr Leben aufs Spiel setzen." Ihre Freundin Macode Wade hat seit einem Jahr nichts mehr von ihrem Sohn gehört. Vergeblich wartet sie auf eine Nachricht von ihm. Sie klammert sich an die Hoffnung, dass er noch lebt. „Eines Morgens war er plötzlich verschwunden", erinnert sie sich. „Und mir war sofort klar, dass er sich auf den Weg nach Spanien gemacht hatte. Denn die Jungen hier reden über nichts anderes. Es quält mich, dass ich nicht weiß, was aus ihm geworden ist."

Aby Samb zeigt uns den Strand. Monatelang ist sie nicht mehr hier gewesen, weil der Anblick des Meeres für sie zu schmerzhaft ist. „Das Meer ist zum Riesengrab geworden. Es verschlingt unsere Söhne", klagt sie. „Ich kenne sie alle von klein auf. Die jungen Männer nehmen das Risiko in Kauf. Sie sind zu Glückssuchern geworden, die sich an jeden Strohhalm klammern." Für sie ist das wie russisches Roulette. Damit müsse jetzt endlich Schluss sein. Deshalb gehen die Frauen vom Verein gegen die illegale Auswanderung in die Schulen und versuchen, mit ihren Vorträgen wenigstens die ganz Jungen abzuschrecken. Unterstützt werden sie von dem Starmoderator Lamine Gueye, der im vielgehörten Privatsender „Radio Oxyjeune" vor den halsbrecherischen Atlantiküberquerungen warnt. „Bleibt im Senegal! Wir brauchen euch!", lautet der Aufruf.

# Ruanda – ein Land trauert

In der gespenstischen Stille des Morgens wirkt die sonst so resolute Connie Bwiza wie verloren. Zaghaft dringt das erste Tageslicht in die Kellergewölbe der Gisozi-Genozid-Gedenkstätte und macht die grauen Umrisse der Gebeine Hunderter Tutsi in großen Glasvitrinen sichtbar. Deutlich zeichnen sich hinter den Scheiben die Konturen von Knochenbergen ab.

Die 35-jährige ruandische Politikerin wollte diesen Ort noch einmal besuchen, bevor die geschundenen Knochen draußen vor dem Mahnmal in Massengräbern unter dicken Marmorplatten ihre ewige Ruhe finden. Es ist der zehnte Jahrestag des Völkermordes und die Eröffnung der Gisozi-Gedenkstätte steht unmittelbar bevor. Wie die anderen 180 Gedenkstätten im Land ist sie den Toten und ihren Familien gewidmet, als Begegnungsstätte und Ort der Trauer.

„Nur wer trauert, kann über den Schmerz hinwegkommen", sagt Connie Bwiza. Diese Überzeugung habe sie mit in die Politik gebracht. „Keiner hat diesen Krieg gewonnen." Connie ist nachdenklich, während wir vor den Glasscheiben stehen. „Ich denke, die Hutu hatten sich Vorteile versprochen. Aber durch diesen teuflischen Hass und die Profitgier, die sie in das Blutbad getrieben haben, haben sie sich selbst zerstört. Die Hutu verstecken sich noch immer in den Wäldern im Kongo oder in Zentralafrika. Sie sind völlig isoliert und bekommen sowohl von ihrem Land als auch von ihren Familien nichts mehr mit. Aber auch wir haben die, die in den Gefängnissen sitzen, verloren. Wir müssen jetzt nach vorne schauen und zusammenkommen. Die Wunden müssen heilen. Ich war noch ein Kind, als mir meine Großeltern von den Massakern von 1959 gegen uns Tutsi erzählten. Und in den 70er-Jahren hat dann ein brutaler Verteilungskampf begonnen, der sich immer wieder zugespitzt hat. Ich hatte ständig das Gefühl, dass uns die Hutu als Bedrohung sahen und uns aus dem Weg räumen wollten."

Ihre Eltern brachten die Familie in Sicherheit und Connie wuchs in einem Flüchtlingslager in Uganda auf. Als das Morden begann, schloss sie sich den Tutsi-Rebellen beim Marsch auf Kigali an, um sich dem Wahn in den Weg zu stellen. Im bewaffneten Kampf gegen Hutu-Milizen wurde sie unter einem Geländewagen begraben. Seither hinkt Connie Bwiza. Doch die attraktive Frau hat sich davon nicht abschrecken lassen und alles dafür getan, dass die Welt den Völkermord von Ruanda endlich wahrnimmt.

Als Politikerin will sie dafür sorgen, dass ihr Land das Trauma überwindet und die Menschen wieder zueinanderfinden. Denn das sei nur oberflächlich geschehen. Unter der Oberfläche müsse noch viel aufgearbeitet werden, meint sie.

Wir werden auf den jüdischen Künstler Ardyn Halter aufmerksam, der gerade die letzten Scheiben in sein bleiverglastes Kirchenfenster „Abstieg zum Genozid" einsetzt, das die Zeit des Völkermords darstellt. Der Sohn eines Holocaust-Überlebenden hat in seinem Atelier in England zwei Fenster für das Mahnmal hergestellt.

Das lichte Gegenstück mit dem Titel „Der Weg nach vorne" steht am Anfang jenes Teils der Ausstellung, der über die Helfer und Helden berichtet, die sich dem Genozid entgegengestellt haben. In dem Fensterbild ist eine Treppe, die aus einem Haufen Schädel nach oben strebt. Es vermittelt die Hoffnung, dass neben dem Gedenken an die Toten eine Zukunft möglich ist.

Völkermord ist für den Künstler ein Thema, das ihn begleitet, seit er denken kann. Die Fotos der Opfer, die von Angehörigen in der Gedenkstätte aufgehängt worden sind, erinnern ihn an seine eigene Kindheit. Seine gesamte Familie in Polen kennt er nur von Bildern. Ardyn Halter wollte die Gemeinsamkeiten der ruandischen Schlächter mit den Nazis deutlich machen. „Dies war ein geplanter Massenmord, genau wie im Dritten Reich", sagt er. „Die Hutu in Ruanda haben zwar kein Gas eingesetzt, aber die Grundlage des Völkermords waren rassistische Theorien, die einst von den belgischen Kolonialherren eingeführt worden waren, um die beiden Volksgruppen gegeneinander aufzuhetzen."

Mittlerweile füllt sich das Gebäude mit Trauergästen, die sich gedämpft unterhalten. Zu bedrückend sind die Gedanken an diesem regnerischen zehnten Jahrestag, der die Erinnerungen an die große Treibjagd, die an Brutalität kaum zu überbieten war, wieder aufkommen lässt.

Auf den Nachbarhügeln qualmen die Schlote friedlich vor sich hin. Eng umschlungen steht ein Ehepaar im Nieselregen vor einem der ausgehobenen Massengräber. Endlich sollen nach nunmehr zehn Jahren die Gebeine ihrer Eltern beigesetzt werden. Pauline, eine Hutu, und Pociane, ein Tutsi, beide erfolgreiche Geschäftsleute, hatten nicht damit gerechnet, dass der Schmerz sie noch einmal so einholen würde. Pocianes Eltern waren mit Pangas, Macheten, erschlagen worden, als sie den Hutu-Mob ablenkten, damit die beiden Verliebten flüchten konnten. Der alte Dorflehrer und seine Frau hatten die Feindseligkeit der Nachbarn nicht wahrhaben wollen, bis es zu spät war. Pauline und Pociane hatten sich daraufhin wochenlang im Wald versteckt.

Als „Tutsi-Braut“ war auch die junge Hutu zu Freiwild geworden, eine Verräterin im staatlich verordneten Feldzug gegen das „Tutsi-Ungeziefer“. Im Radio, das die Gehetzten heimlich im Unterholz hörten, wurde von morgens bis abends zur Jagd aufgerufen. Obwohl sie das kleine, knarrende Transistorradio, aus Angst entdeckt zu werden, nur ganz leise stellten, drang die hasserfüllte Stimme durch Mark und Bein, erinnern sie sich. Die Aussichtslosigkeit ihrer Situation habe sich wie ein bleierner Schleier über sie gelegt. Apathisch hätten sie auf Beeren und Wurzeln herumgekaut, als ihnen das Essen ausgegangen war. Viel länger hätten sie es nicht mehr ausgehalten, meint Pauline. Mit jedem Tag waren der Hunger und die Angst größer geworden. In ihren Albträumen, die sie manchmal noch heute heimsuchen, steht der ganze Wald, in dem sie sich versteckt hatten, in einer Blutlache, erinnert sich Pauline.

Als die Tutsi-Rebellen unter der Führung von Paul Kagame in der Hauptstadt Kigali die Macht übernahmen, dauerte es noch Tage, bis sich Pauline und Pociane aus ihrem Versteck heraustrauten. Keiner von ihnen habe geglaubt, dass es nach dem wochenlangen Morden überhaupt noch Tutsi gab, geschweige denn eine ganze Armee, die es geschafft hatte, das Parlamentsgebäude in Kigali zu besetzen.

Die stets kontrolliert wirkende Abgeordnete ist gerührt von der Erzählung des Ehepaares.

Am Nachmittag sind wir mit der Restaurantbesitzerin Charlotte Mukarugira verabredet. Als wir in ihrem Lokal „Murigo“ auf einer Anhöhe unweit der Gedenkstätte eintreffen, brütet sie gerade über ihrer Einkaufsliste. Sie will noch einmal einen ihrer Köche auf den Markt schicken, um Nachschub zu holen, denn heute herrscht im Murugo Hochbetrieb. Charlotte ist auch deshalb froh darüber, weil sie dadurch an diesem Jahrestag nicht zu viel zum Grübeln kommt. Sie stürzt sich in die Arbeit, um den Schmerz nicht zu sehr an sich heranzulassen. Im großen Krieg, wie der Genozid unter den Ruandern heißt, hat Charlotte ihre gesamte Familie verloren: ihren Mann und vier Kinder. Sechs Jahre hat sie gebraucht, um den Schmerz, der sich tief in ihre Seele gebohrt hat, halbwegs auszuhalten. Monatelang fand sie morgens nicht die Kraft aufzustehen. Doch dann gelangen ihr eines Tages die ersten zaghaften Schritte zurück ins Leben. Die Sorge um ihre einzige überlebende Tochter hatte gesiegt. Mit Hilfe eines Mikrokredits vom Verband ruandischer Unternehmerinnen baute sich Charlotte Stück für Stück eine neue Existenz auf und adoptierte außerdem die Tochter ihrer verstorbenen Schwester.

Eine Geschäftsfrau ist Charlotte Mukarugira erst mit der Zeit geworden. Sie stammt aus einem kleinen Dorf im Süden, doch will sie nie wieder dorthin zurück. „Ich habe das alles hinter mir gelassen", erklärt sie mir bei einem Glas Tee, nachdem der erste Ansturm von Gästen das Lokal verlassen hat. In ihrem Dorf findet in einigen Tagen eines der Gacaca-Tribunale statt, für die Connie Bwiza gekämpft hat. Nach alter afrikanischer Tradition sollen die Opfer in stundenlangen Anhörungen von den Häftlingen erfahren, wie Verwandte und Freunde umgekommen sind. Wie früher vor dem Dorfgericht werden die Geständnisse der mutmaßlichen Mörder und Mitläufer auf dem Dorfplatz verlesen. Die versammelten Bewohner setzten dann die Aussagen aller Zeugen wie ein Mosaik zusammen und überprüfen, ob der Angeklagte die Wahrheit gesprochen hat.

„Ich weiß, dass es wichtig wäre, dorthin zu gehen, aber im Augenblick wühlt mich allein der Gedanke daran zu sehr auf." Für Charlotte ist das Murigo, das auf Kinyarwanda, der offiziellen Nationalsprache Ruandas, „zu Hause" heißt, ein

Zufluchtsort. Durch die Arbeit im eigenen Lokal hat Charlotte die Depressionen der ersten Jahre überwunden und wieder gelernt, für ihre beiden Mädchen zu sorgen. Sie will nicht noch einmal zusammenbrechen wie damals. Nie wird sie darüber hinwegkommen, dass sie ihre Kinder bei ihrer Schwester versteckt hat, wo sie von marodierenden Hutu-Milizen abgeschlachtet wurden, während sie selbst mit ihrer kleinsten Tochter dem Wahn entkommen ist. Nie wird sie sich verzeihen, die falsche Entscheidung getroffen zu haben. Nachts wacht sie manchmal von ihren Schreien schweißgebadet auf, weil sie versucht hat, ihre Kinder den Mördern zu entreißen.

Im Parlamentsgebäude sind wir noch einmal mit Connie Bwiza verabredet. In keinem anderen afrikanischen Land ist der Frauenanteil in der Politik so hoch wie in Ruanda. Fast die Hälfte der Abgeordneten sind Frauen, mehr als sonst wo auf der Welt. Doch hatten sie in der traditionellen ruandischen Kultur kein Recht, Land oder Eigentum zu erben. Das neue Erbschaftsgesetz, für das die kämpferische 35-Jährige im Parlament von Kigali einst ein flammendes Plädoyer gehalten hatte, ist eine Bestätigung für den gesellschaftlichen Wandel. Nachdem die meisten Männer umgebracht worden waren, wurden die führenden Positionen von Frauen eingenommen. „Wir Frauen haben Ruanda wieder aufgebaut", sagt Connie. „Wir sind die Stützen der Gesellschaft."

Mit der gleichen Hartnäckigkeit, mit der sie damals aus dem Flüchtlingslager herauswollte, will sie den Staat umkrempeln. Keiner hatte ihr diesen Werdegang zugetraut: von der Rebellin zur Staatsdienerin. Sie gilt als eine der treuesten Weggefährten des Staatschefs Kagame. Kritik an der heutigen Politik gegenüber dem Ostkongo lässt sie nicht zu. „Ohne Kagame und diese starken Mauern gäbe es heute keine Tutsi mehr in Ruanda", sagt sie und führt uns in den Innenhof. Die Einschusslöcher in den hohen Mauern sollen als Spuren des Bruderkrieges erhalten bleiben. Hier verbarrikadierten sich 1994 die Gefolgsleute von Kagame, Tausende Tutsi, unter ihnen Connie Bwiza.

Tagelang hatten sie gebetet, dass das Gemäuer standhält. Nicht nur auf dem Land, auch in Kigali wütete der wahnsinnig gewordene Mob. Binnen hundert Tagen wurde fast eine Million Menschen bestialisch ermordet, mit Macheten und Beilen, ohne dass die Rebellen sie hätten stoppen können. „Als ihnen die Gewehre ausgegangen waren, hat die damalige Hutu-Regierung ihre Anhänger mit Pfeil und Bogen, Spitzhacken und anderen Farmwerkzeugen ausgestattet“, erzählt sie bitter. „Und die internationale Gemeinschaft lehnte es ab, gegen diese Vernichtungsmaschinerie einzuschreiten.“

Ohnmacht und Wut über die untätige Weltgemeinschaft lasten bis heute auch auf Charlotte Mukarugira. Erschöpft vom anstrengenden Arbeitstag wirft sie sich auf ihr Sofa, als wir sie am Abend bei ihr zu Hause besuchen. Sie hat lange für dieses solide Einfamilienhaus in Kigali gearbeitet. Als sie vom Land in die Hauptstadt kam, hat sie zunächst einen Job als Kellnerin angenommen und einfach nur funktioniert, paralysiert vom Schmerz. Dabei wäre ihre kleine Familie beinahe vor die Hunde gegangen. Erst als sie merkte, wie sehr ihre beiden Töchter unter ihrer Depression litten, brachte sie die Kraft für den Neuanfang auf.

Kichernd schmiegt sich die schmale elfjährige Yvette vor dem Fernseher an die drei Jahre ältere Chantal. Die beiden Mädchen sind wie Schwestern aufgewachsen und schauen sich zum wiederholten Male das Kommunionsvideo von Yvette an. Sie nehmen die weißen Kleider der anderen Mädchen unter die Lupe. Für die tiefreligiösen, katholischen Ruander ist die Kommunion neben der Hochzeit das wichtigste Ereignis ihres Lebens. Yvettes Kommunion war das erste große Familienfest seit dem Massenmord 1994. Der Pfarrer hatte auf Charlotte eingeredet, ihre Trauer zu überwinden. Auf diesem Fest hatte sie das erste Mal wieder das Gefühl, eine Familie zu haben.

Plötzlich kramt Charlotte ihre Hochzeitsbilder hervor, die sie jahrelang nicht anschauen konnte. Doch die unbeschwerten Momente ihres Lebens erscheinen ihr wie aus einer anderen Zeit. „Das ist mein Mann, ein Hutu“, erzählt Charlotte traurig. „Zunächst beschimpften sie ihn nur als dreckigen Verräter, doch dann fingen sie an, ihn öffentlich zu drangsalieren und rumzuschubsen. Es war eine Frage der Zeit, wann sie ihn holen würden. Wir haben viel zu lange gewartet und bis zum Schluss gehofft, dass sie uns in Ruhe lassen würden.“ Als sich ihr Mann mit den Kindern bei ihrer Schwester in Sicherheit brachte, weil ihr Haus das bessere Versteck zu sein schien, war die Umgebung schon voller Straßensperren. Die Interharamwe-Milizen griffen fast jeden auf, der flüchten wollte, und töteten ihn auf der Stelle. Wie auf einer Treibjagd schwärmten sie aus und zerrten die Schreienden aus ihren Häusern.

Erschöpft hält Charlotte inne. Tränen habe sie keine mehr. In den ersten Jahren habe sie mehr vergossen als andere Menschen in einem ganzen Leben.

Sie selbst war mit ihrer kleinsten Tochter Chantal zurückgeblieben, weil diese krank war. Ihre Nachbarn, eine Hutu-Familie, hatte die beiden versteckt. Erst als sie sich Tage später zum Haus ihrer Schwester durchschlug, sah sie das Unfassbare. Ihre gesamte Familie war abgeschlachtet worden wie Vieh. Sie hätte alles dafür gegeben, anstelle ihrer Kinder selbst in die Hände der Schlächter zu fallen.

„Die Holzrahmen für die Hochzeits- und Familienfotos hat unser Hutu-Nachbar, der uns damals versteckt hat, im Gefängnis geschnitzt“, erzählt Charlotte stockend. „Nach dem Völkermord wurden Tausende Hutu inhaftiert, auch unser Nachbar, der sein Leben für uns riskiert hat. Es hat Jahre gedauert, bis es uns gelungen ist, diesen fürchterlichen Irrtum zurechtzurücken."

„In der Schule dürfen wir die Begriffe Hutu und Tutsi nicht mehr benutzen", mischt sich Chantal ein, weil sie merkt, dass ihre Mutter nicht weiterreden kann. „Es ist verboten, uns gegenseitig als Hutu oder Tutsi zu bezeichnen oder Witze zu machen. Sonst landen wir im Gefängnis, sagen unsere Lehrer. Wir sind alle Ruander und müssen uns gegenseitig respektieren. Das alte Denken hat viel Unheil über Ruanda gebracht." Das staatlich verordnete Nationalgefühl, das sie in der Schule eingetrichtert bekommen hat, ist spürbar und Chantal redet darüber, als läge alles schon sehr lange zurück.

In einem SOS-Kinderdorf am Stadtrand von Kigali erleben wir am nächsten Tag, wie Hutu- und Tutsi-Kinder gemeinsam in einer Großfamilie aufwachsen. Ein Stück Versöhnung. Die Sozialarbeiterin nennen die Kinder „Maman". Connie Bwiza, die wir hier wieder treffen, grinst freudig, als die Kinder brav über ihre Fortschritte in der Schule referieren. „Ohne Familienzusammenhalt", meint die Abgeordnete, „verlieren diese Kinder ihre Wurzeln. Früher haben wir in Großfamilien zusammengelebt und das sollen diese Kinder erfahren." Sie hat sich für diese ruandische Lösung stark gemacht, internationale Adoptionen lehnt sie ab.

„Wir hatten zunächst versucht, nach alter afrikanischer Tradition Familien für die Waisen zu finden, aber es waren einfach zu viele. Wir dürfen die traumatisierten Kinder nicht an ein Leben auf der Straße verlieren, sonst haben die Mörder von damals einen späten Triumph." Über die vielen Straßenkinder, die dennoch nachts durch die Innenstadt von Kigali ziehen, spricht kein Ruander gerne.

Mindestens ein Mal im Monat besucht Charlotte ihre ehemalige Nachbarin Alphonsine Mukuruguna, die am südlichen Stadtrand von Kigali lebt. Ihre Familie ist an dem Justizirrtum und der Inhaftierung ihres Mannes zerbrochen. Innig umarmen sich die Frauen und lassen sich schwatzend vor der Haustür nieder. Alphonsine hat schon sehnsüchtig auf den Besuch der Freundin gewartet.

In den Nachwirren des Völkermordes verlor die Familie ihr Haus. Die neuen Machthaber enteigneten die Mukarugunas, weil sie Hutu waren. Alphonsines Mann wurde als Mörder verdächtigt und verhaftet.

Als der Irrtum nach Jahren aufgeklärt werden konnte, sei die Seele ihres Mannes schon zerbrochen gewesen. Unter den Hunderten von Häftlingen sei er langsam vor die Hunde gegangen. Die Enttäuschung über das Unrecht habe ihn um den Verstand gebracht. All die Jahre im Gestank des völlig überfüllten Gefängnisses und in der rosa Sträflingsuniform hatten ihn innerlich zerstört und verrohen lassen. Er wusste nicht mehr ein noch aus. Die Behörden hätten seine Flehbriefe nicht einmal wahrgenommen und sich geweigert, den Fall wieder aufzugreifen.

Nach seiner Entlassung fand Alphonsines Mann keinen Platz mehr in der ruandischen Gesellschaft und setzte sich in den Ostkongo ab, wo er sich wie hunderttausend andere Hutu eine neue Existenz aufbaute. Inzwischen schickt er seiner Frau nur noch selten ein Lebenszeichen.

Schließlich holte Charlotte ihre einstigen Nachbarn in diese bescheidene Behausung nach Kigali und hilft ihrer gebrochenen Freundin, wo sie nur kann. Sie hat ihr auch heute wieder etwas Essen aus ihrem Lokal mitgebracht. Doch die Enttäuschung über ihren Mann, der sich nach und nach von der Familie abwendete, lähmt Alphonsine. Ohne die ständigen Aufmunterungen Charlottes wäre die Familie längst untergegangen.

Zwar freut sich Alphonsine über den Optimismus, den Charlotte verbreitet, wenn sie über ihr Lokal erzählt. Doch sie selbst ist dem Trubel nicht gewachsen. Charlotte dagegen würde sich am liebsten rund um die Uhr in ihre Arbeit stürzen und aus ihrem Lokal abends eine Bar machen. „Um 7 Uhr geht in unserem Stadtteil der Strom weg. Ich brauche einen Generator, nur den kann ich mir im Augenblick nicht leisten. Vielleicht aber in ein paar Monaten."

Charlotte hat in ihrem kleinen Lokal Murigo den Halt gefunden, der Alphonsine für immer abhanden gekommen zu sein scheint. Eine tiefe Trauer liegt über der gebeugten Frau. Gedankenverloren schaut sie auf die Hühner, die Charlotte ihr mitgebracht hat. Dabei redet sie fast ausschließlich über ihren Mann, über dessen Verlust sie vielleicht nicht hinwegkommen wird. Selbst der Fortschritt ihres ältesten Sohnes, der nun für die Familie sorgt, kann sie nicht aufmuntern. Charlottes Blick hingegen ist ausschließlich nach vorne gerichtet. „Zurückschauen ist zu schmerzhaft", sagt sie, als sie sich im Dunkeln vom Holzbänkchen vor Alphonsines Tür erhebt. „Alles, was lebenswert ist, liegt vor mir. Wenn ich zurückschaue, wird alles Schöne, das ich vor langer, langer Zeit erlebt habe, von Albträumen überschattet." Mit diesen Worten verabschiedet sie sich.

Connie Bwiza, die wir einige Tage begleitet haben, trifft die letzten Vorbereitungen für eine Dienstreise nach Belgien und bringt ihrer Schneiderin Marie-Claudine ein paar traditionelle Stoffe vorbei. Die Gewänder und Hemden will sie in Europa verschenken. Die Kongolesin Marie-Claudine hat nicht nur extravagante Schnitte, sie ist auch eine hervorragende Gesprächspartnerin. Bei ihr hat sich die Politikerin schon oft ausgeheult, über die überfüllten Gefängnisse, die schleppenden Gacaca-Dorfgerichte und die Lethargie des internationalen Tribunals im tansanischen Arusha.

Mit ihrer übersprühenden Art baut die lebensfrohe Schneiderin die manchmal sehr ernste Politikerin auf. „Ihr Ruanderinnen habt viel erreicht. Was zögerst du, Connie", ruft sie ihr lachend zu. „Es ist Zeit, dass wir herausfinden, wie dieses geplagte Land aussähe, wenn ihr Frauen es regiert. Eine Frau als Präsidentin, damit hier wirklich eines Tages Frieden einkehrt", sagt die Kongolesin, obwohl auch sie weiß, dass der Machtpolitiker Kagame dafür keinen Raum lässt.

„Die Zukunft Ruandas liegt in den Händen unserer Kinder", murmelt Charlotte, die im Hof ihres Hauses die gewaschenen Schulkleider ihrer Mädchen aufhängt. „Mögen sie die Kraft haben, das Land in eine bessere Zukunft zu führen." Plötzlich reißt das Klingeln ihres Handys sie aus den Gedanken. Es ist ihre Tante, die die Hoffnung noch nicht aufgegeben hat, dass Charlotte vielleicht doch noch an den Gacaca-Tribunalen teilnehmen wird. Sie erfährt, dass beim Laienrichter Berge handschriftlich verfasste Geständnisse eingegangen sind. Der Laienrichter, ein Maurer, wird versuchen, gemeinsam mit den Opfern anhand der Berichte der Hutu-Häftlinge die Gräueltaten von 1994 zu rekonstruieren.

„Das ist zu schmerzhaft für mich. Ich brauche meine ganze Energie, um mein Leben hier hinzukriegen", murmelt Charlotte in den Hörer. Sie wolle nicht wissen, wer von ihren Nachbarn bei der mörderischen Hetzjagd auf ihre Kinder dabei war. Das würde sie um den Verstand bringen. Verzeihen könne sie sowieso nicht. „Für dieses Verbrechen kann es keine gerechte Strafe geben. Wie soll ich einer Haftstrafe von zwölf Jahren zustimmen, das ist wie ein zweiter Verrat." Und damit legt sie auf. Endlich hat Charlotte diese Entscheidung für sich getroffen. Nun geht es ihr besser. Wenigstens darüber muss sie nun nicht mehr grübeln.

## For Sale! Insel der Imame

„Smako, Smako", ruft Abou Bakar Omari, einer der älteren Fischer auf der Insel Lamu, jeden Abend, wenn er die Reste seines Tagesfangs vor dem „Stop Over", dem Treffpunkt der Fischer, an den Strand wirft. Das Swahili-Wort „Smako" heißt auf Deutsch „Magnet" und ist der Name, den er seinem Lieblingskater gegeben hat. Als er den verfressenen schwarz-weißen Katzenchef taufte, fuhr Bakar noch zur See. Immer wenn er zurückkehrte, schoss Smako wie ein Blitz an den anderen Katzen vorbei durch die eng bebauten Gassen zwischen den Korallensteinhäusern zum Strand. Dort machte er sich hungrig über die Fischköpfe her, die Bakar in den Sand geworfen hatte. Bis heute ist Smako ein Überlebenskünstler geblieben. Tagsüber schläft er im Schatten der Häuser oder streunt durch das Fischerdörfchen Shela. Gegen Abend begibt er sich zum Strand.

Während Smako und die anderen Katzen genüsslich auf den Gräten herumkauen, setzen sich die Männer auf eine kleine weiße Steinmauer und schwatzen, bis die Sonne über den Villen der gegenüberliegenden Insel Manda untergeht. Nachdenklich blicken sie dann auf ihre Dhaus, die ruhig vor ihnen im Wasser schaukeln. Einst lag hier eine stolze Armada von 2.000 Holzbooten vor Anker, doch sie verschwand, als Mombasa den

Handel nach und nach an sich zog und Lamu den Rang als Handelszentrum ablief. Heute schauen die Nachfahren der ehemals stolzen Swahili-Handelsmetropole zu, wie sich ihr Inselreich in ein Ferienparadies für erholungsbedürftige Europäer verwandelt.

Die feingliedrigen Katzen sollen einst mit somalischen Händlern hierher gekommen sein, erklärt mir der 55-jährige Bakar, der sich schon länger nicht mehr an die somalische Küste traut, weil dort ständig Schiffe entführt werden. Wie an der Westküste Afrikas wildern koreanische Fangflotten auch vor der Küste Somalias. Die somalischen Fischer seien gezwungen, ihr Geld als Piraten zu verdienen, sagt Bakar, als ich mich zu den Männern auf die Mauer setze.

Als junger Mann hat Bakar in Mombasa gearbeitet und gut verdient. Doch auf Dauer war ihm der größte Umschlaghafen Ostafrikas mit dem Drogenschmuggel und den Waffengeschäften ein zu hartes Pflaster. Zuweilen verschwanden in einer Nacht ganze Schiffsladungen. Traktoren oder Walzen für den Straßenbau wurden in Windeseile zerlegt und verkauft. Abou Bakar zog zurück auf die kleine, abgeschiedene Insel im Indischen Ozean, obwohl er hier nicht annähernd so viel Geld verdient wie in Mombasa.

Heute fahren die Fischer nur noch zur See, um den eigenen Bedarf und den der Guesthouses auf Lamu zu decken. Lieber schippern sie Touristen auf ihren Dhaus zum Sundowner mit Barbecue am Strand oder zum Schnorcheln ins Riff. Um ihre Kinder auf gute Schulen schicken zu können, verkaufen sie ihre Häuser und Grundstücke an reiche Europäer. „Am Ende haben wir nichts, was wir unseren Kindern vererben können", klagt der Fischer Massoud.

Die Alten kennen einen Fremdenführer, der seit ein paar Tagen Verkaufsgespräche über sein in der Altstadt von Lamutown gelegenes baufälliges Haus führt. Bakar soll mich zu ihm führen. In seiner alten Dhau segeln wir durch den ruhigen Meereskanal nach Lamutown, an Luxusvillen, dem King Fahd Hospital und dem Elektrizitätswerk vorbei, das mit ein paar uralten ratternden Generatoren die gesamte Stromversorgung für die Insel liefert. Dann begeben wir uns ins Gewühl der maroden Altstadt. Junge Männer reiten auf Eseln an uns vorüber und schwarz verschleierte Frauen schieben sich durch die engen Gassen, in denen orientalischer Gesang aus den kleinen Geschäften hallt. Im luftigen Hinterhof eines renovierten Steinhauses befindet sich ein schickes Café, in dem Weiße dem quirligen Markttreiben entfliehen. An einem Designer-Glastisch sitzen zwei junge Immobilienmakler und blättern in ihren Präsentationsmappen. Vor allem das kleine Dorf Shela, Smakos Revier auf der anderen Seite der Insel, ist bei Europäern hoch im Kurs. Dort trifft sich der Jet-Set. Grundstücke wechseln für 400.000 Euro den Besitzer. Zuweilen pflegen Sprösslinge aus den Königshäusern Europas hier Urlaub zu machen. Auch der deutsche Prinz Ernst August hat in Shela eine Villa.

Als wir endlich am Haus des Fremdenführers Mohammed angelangt sind, rollt der hagere Muslim gerade bedächtig seinen Gebetsteppich aus. Er wolle um eine Eingebung beten, erklärt der Familienvater in seinem traditionellen weißen Gewand und stülpt sich seine Kofia auf den Kopf. Bisher konnte die Familie noch im vorderen Teil des baufälligen Gebäudes leben, erzählt er mir nach dem Abendgebet, doch langsam falle auch hier der Putz von der Wand. Mit etwas Geld könne er sein Elternhaus renovieren, aber von seinen unregelmäßigen Einnahmen als Fremdenführer könne er schon lange nichts mehr zurücklegen. Das Leben in Kenia werde immer teurer. Reiche Verwandte habe er auch nicht. In der gesamten Großfamilie gebe es keinen, der ihm mit etwas Erspartem bei der Renovierung unter die Arme greifen könne.

HOTEL

Mohammeds Familie stammt aus Indien. Drei Generationen wohnten in dem dunklen Swahili-Haus aus Korallenstein und Mangrovenholz. Man erkennt noch die filigranen Schnitzereien in den verzierten Türrahmen aus Mahagoni und die gemauerte Steinbank im Hauseingang. Hier hatte schon sein Großvater den kühlen Wind genossen, der nachmittags durch die Gassen der Stadt weht. Mit jeder Ecke seines Hauses verbindet Mohammed eine Episode aus der langen Tradition seiner Familie. Seine Vorfahren hatten als Mangrovenhändler kostbares Holz von Kenia nach Indien und Persien geschifft. Doch mit dem Handelsembargo für Tropenholz verlor die Familie ihr Einkommen und Mohammed hält sich seitdem mit Gelegenheitsjobs über Wasser.

150.000 Euro oder gar 200.000 bieten sie ihm für seine baufällige Ruine; so viel Geld hat Mohammed noch nie in seinem Leben gesehen. Seine Gedanken überschlagen sich. Seit Tagen kann er an nichts anderes denken. Ununterbrochen redet seine Frau auf ihn ein. Sie könnten sich doch mit dem Geld ein kleineres, billiges Haus am Stadtrand bauen. Und vom Rest könnten sie die Familie ernähren und den Kindern eine Ausbildung finanzieren. Doch der stolze Muslim ist in diesen Mauern in der Altstadt von Lamutown geboren und möchte gerne in seinem Elternhaus sterben. Er weiß aber auch, dass die Familie das Geld gut gebrauchen kann. „Wenn ich die Wahl hätte, würde ich mein Haus behalten", meint Mohammed, „aber eine Renovierung frisst einfach zu viel Geld. Das ist die schwierigste Entscheidung meines Lebens."

Als Touristenführer kennt Mohammed die Historie dieser ersten Steinhäuser an der ostafrikanischen Küste. Sklaven haben die dicken Wände gegen die Hitze errichtet. Jetzt verfallen die Häuser, weil sich die Besitzer die Spezialhandwerker nicht leisten können. So wie ihm gehe es vielen, klagt er. Mit jedem Haus würde ein Stück Swahili-Kultur verloren

gehen. Andererseits könne man den Ausländern am Ende noch dankbar sein, dass sie die Häuser instand setzen.

„Für die Restaurierung sind Arbeiter gefragt, die das alte Handwerk noch beherrschen", sagt Mohammed und führt uns in ein Haus, in dem gerade akribisch nach alten Bauplänen restauriert wird. Zufrieden begutachtet der Besitzer Abdalla die Arbeit der Steinmetze, die bei Neonlicht die Rosetten in die Lichtschächte meißeln. Der Muslim stammt zwar aus einer der alteingesessenen Familien der Insel, doch die Renovierung seines Elternhauses kann er sich nur leisten, weil seine Schwester einen reichen Amerikaner geheiratet hat.

Auch der muslimischen Gemeinde fehlt das Geld, ihr verfallenes Gebetshaus am alten Marktplatz von Lamutown wieder aufbauen zu lassen. Dort treffen wir den Islamgelehrten Mohammed Nabahany, der seit Jahren für die Erhaltung der Insel als Weltkulturerbe kämpft und mehrere Bücher über die Swahili-Kultur geschrieben hat.

„In diesen Ruinen haben früher unsere Vorväter gebetet. Uns fehlt das Geld und viele unserer Kinder gehen nicht mehr in die Moschee. Sie geben sich als Prostituierte oder Beachboys mit Ausländern ab und nehmen Drogen. Ihre Eltern sind machtlos dagegen", klagt der Gelehrte und lässt sich unter dem 400 Jahre altem Nkungu Baum vor dem Gebetshaus nieder. Abends hocken dort Männer mit Henna gefärbten Bärten, in somalische Stoffe oder weiße Kenzo gehüllt. Im Glanz der Abendsonne schlürfen sie, über traditionelle Brettspiele gebeugt, genüsslich ihren Tee. Zur Blütezeit ihrer Kultur, als der Handel mit Elfenbein und Porzellan florierte, traten auf diesem Platz Sänger in wallenden weißen Gewändern auf und berichteten über die alten persischen und arabischen Scheichdynastien entlang der Küste, erinnert sich Nabahany. Außerdem seien vor dem alten Lamu Fort die größten Fische aus dem Indischen Ozean versteigert worden. Heute laufen Händler mit ihren tragbaren Ramschläden über den Platz und bieten Kaugummis, Telefonkarten, Streichhölzer und Zigaretten an. Und im einzigen Kino am Ort laufen arabisch untertitelte Raubkopien von Kung-Fu-Filmen, die neuesten Bollywood-Produktion aus Indien oder sogenannte „Rollywood Soaps" aus der River Road in Nairobi.

Im Hafen warten die Boote auf Kundschaft. Schnellboote gegen Dhaus. Die Fahrer versuchen sich gegenseitig auszustechen. Fischer Bakar lotst uns zu seinem Boot und schwärmt von der hohen Kunst des Dhaufahrens. Früher seien auf dem offenen Meer Rennen ausgetragen worden, erzählt er. Die Holzboote mussten bis nach Mombasa fahren und zeigen, wie seetüchtig sie waren. Am Hafentor opferten die Seeleute den Göttern eine Ziege. Die Gewinner der Rennen konnten sich vor Aufträgen kaum retten. Außerdem seien so die Rivalitäten zwischen den Inseln und Stadtstaaten an der Swahili-Küste ausgetragen worden. Jeder Ort entlang der Küste hätte ein eigenes Team gehabt.

Heutzutage rasen die jungen „Bichiboys" – wie die jungen Stricher von den Einheimischen genannt werden – am liebsten mit schnittigen Speedbooten übers Meer. Der erfahrene Kapitän schüttelt missmutig den Kopf. „Wenn man eine Dhau segeln will, muss man seinen Kopf einsetzen und die Wendemanöver genau planen", sagt er und strahlt eine tiefe Ruhe aus. „Bei einem Motorboot zieht man einfach nur den Gaszug. Das ist keine große Kunst. Für diese Jungs sind die Krachmacher ein Statussymbol."

Ohne die Dhaus, die mit den Winden bis nach Indien segelten, ereifert sich der alte Bakar, wäre der Austausch zwischen Orient und Afrika und damit ihre vielschichtige Kultur nicht zustande gekommen. Gemächlich gleiten wir in Richtung Shela, vorbei an Eselskarawanen, schwer beladen mit Korallensteinen und anderen Baumaterialien. Seit tausend Jahren sind diese biblisch anmutenden Tiere das einzige Transportmittel auf der autofreien Insel und nun die Schleppbrigade des Booms. Die Esel befördern in Bastkörben Schutt, Sand, Zement und Baumaterialien, die von Wanderarbeitern aus dem kenianischen Hinterland im Akkord be- und entladen werden.

Zurück in Shela setzen wir uns ins „Stop Over". Von der Dachterrasse hat man einen herrlichen Blick über die gesamte Insel. Über den Makuti-Dächern der weiß getünchten Korallensteinhäuser steigt uns der Duft der Swahili-Küche in die Nase. Ein zarter Hauch von Jasmin vermischt mit Kardamon, Curry und Kokosnussmilch. „Jetzt wohnen hier Europäer und wir kochen für sie. Dahinten sind Spanier eingezogen." Bakar nippt an seinem Pfefferminztee. „Das Haus hier vorne gehört den Erben eines großen französischen Autoherstellers und dort drüben die alten Korallengebäude hat die Ärztin einer Hilfsorganisation gekauft. Ein norwegisches Ehepaar besitzt gleich mehrere Häuser und das dort mit dem Strohdach haben gerade Deutsche erworben. Wenn sie ankommen, sind sie meistens freundlich, weil sie etwas von dir wollen. Doch wenn sie ihre Ruinen renoviert haben, dann machen manche von ihnen die Tür hinter sich zu und grüßen nicht einmal mehr", klagt Bakar. „Aber wir sind hier auf einer Insel, auf der jeder jeden kennt und man grüßt einander, wenn man sich sieht. Deswegen sitzen wir abends auch gerne vor unseren Häusern oder unten am Wasser und lassen den Tag ausklingen."

Bereits im letzten Jahrhundert haben sich Fremde, Intellektuelle, Künstler und Schriftsteller von der entspannten Lebensweise inspirieren lassen. Jetzt breitet sich immer mehr die moderne Unterhaltungsindustrie mit ihren Satellitenschüsseln aus. So verfolgen die Inselmuslime den Krieg gegen die Taliban und jeden Schritt von Barack Obama in Amerika. Früher gab es hier nur ein paar Radios, doch mittlerweile ist das junge Inselvolk mit modernsten Handys ausgestattet und surft versiert im Internet.

Wenn die Fischer auf der weißen Mauer zusammenhocken, sitzen ihre Töchter im neuen, stickigen Internet-Café und durchstöbern das Netz nach Jobs oder College-Kursen. Andächtig lauschen die Mädchen auf die Radiosendung „Rachma" vom Festland aus Mombasa. Eheberatung und Heiratsvermittlung für junge Muslima. Die Mädchen schalten fast jeden Tag ein. Sie sind sich einig, dass sie hier, außer Perlenketten oder indische Seidentücher zu verkaufen, keine Zukunft haben. Die Männer können ihnen nichts bieten. Also wollen die jungen Frauen weit weg, nach Bahrain oder in die Vereinigten Emirate.

„Wenn ich könnte, würde ich sie davon abhalten, die Insel zu verlassen", erklärt Hamid, der Besitzer des „Stop Over", der jahrelang in Dubai auf einer Ölplattform gearbeitet hat. „Sie sind davon überzeugt, dass sie dort viel Geld verdienen werden. Aber 120 Dollar monatlich sind in einer Stadt wie Dubai absolut gar nichts und viele dieser afrikanischen Hausangestellten werden wie Sklavinnen gehalten." Hamid hat das alles am eigenen Leib erlebt. Er ist vor ein paar Jahren nach Lamu zurückgekehrt und hat mit seinem mühsam ersparten Geld aus der alten Hütte seines Vaters am Meer eine Lodge für Rucksackreisende gebaut.

„Die meisten der Guesthouses auf Lamu", meint Hamid und schaut von seiner Theke zu den Fischern hinüber, „werden von Ausländern betrieben. Sie machen uns das Geschäft kaputt. Wir haben einfach viel zu lange zugeschaut", fügt er dann noch hinzu. „Jetzt ziehen die, die ihre Häuser und Grundstücke verkauft haben, an den Stadtrand von Lamutown und zimmern sich dort Holzhütten, wie in den Slums von Nairobi."

## Ein Fahrrad für die Flussgötter

Mit aller Kraft rudern die Männer gegen den Strom, vollkommen im Gleichklang miteinander. Nur geschickte und erfahrene Fischer überwinden die Stromschnellen bei Kisangani im gewaltigen Urwald des Ostkongo, ohne in Not zu geraten. Die Wassermassen schießen tosend über die riesigen Felsen und schieben sich dann breit und mächtig durch das Land.

„An diesen Klippen sind schon die ersten Europäer zerschellt, als sie auf der Suche nach Diamanten und Gold gierig in den Regenwald des Kongo vorgedrungen sind", erklärt Monsieur Ghislain und winkt mich zu sich heran. Wie ein greiser Regisseur in einer skurrilen Bühnenkulisse thront er auf dem Schaukelstuhl vor seinem maroden, belgischen Herrenhaus mitten im Regenwald und lässt seinen Blick immer wieder über den Fluss schweifen, während gleichzeitig die vollgestopften Fähren, die zwischen den Ufern pendeln, immer mehr Menschen an den Marktständen vor seinem Haus ausspucken.

„Für uns ist der Kongo der Fluss, der alle Flüsse schluckt und alle Erinnerungen – auch jene an die zermürbenden Kriege." Der 80-Jährige macht eine Pause und lässt die Worte auf mich wirken. „Sonst wären wir alle längst verrückt geworden. Viele sind es ja auch." Der Lärm und die Hektik des Marktes treten plötzlich in den Hintergrund. Seit dem sogenannten großen Kongokrieg von 1996 bis 2003 ist die einst stolze Lebensader zum Chronisten des Elends geworden. Der alte Herr blickt stoisch auf den Strom und beobachtet die Schwaden, die langsam über das Wasser ziehen. „Das beruhigt die Nerven", sagt er.

Monsieur Ghislain ist genauso klapprig wie der Stuhl, auf dem er schon eine Ewigkeit wippt. Den Kampf gegen die Schlingpflanzen, die aus dem Gemäuer sprießen, hat er offensichtlich aufgegeben. Im Garten erinnert eine überwucherte Lokomotive an die Blütezeit der Belgier. Den einst herrschaftlichen Balkon, das Prunkstück seiner Villa, kann man nicht mehr betreten. Breite Risse haben sich in den Putz gefressen.

Früher war Kisangani, das ehemalige Stanleyville, mit seiner europäischen Architektur der Stolz der belgischen Kolonialherren. In ihren Villen ließen die Besitzer der Kakao- und Kaffeepflanzungen bei Rekordernten die Champagnerkorken knallen. Als kleiner Junge hatte Monsieur Ghislain die Weißen verschämt aus der sicheren Entfernung an der Seite seines Vaters beobachtet.

Obwohl er mit seiner Familie schon seit Jahren in den Ruinen haust, bewegt er sich vorsichtig wie ein Gast. Seine Kleidung hat er in Plastiktüten gestopft, zum Schutz gegen die Feuchtigkeit. Außerdem könne man die Tüten schneller greifen, wenn Kisangani mal wieder von marodierenden Horden durchkämmt wird, erklärt er hustend. „Ich habe nicht mehr lange. Für meine Familie gibt es hier keine Zukunft. Die ruandischen Rebellen nehmen sich, was sie wollen: Frauen, Häuser, Rohstoffe. Die kongolesische Staatsmacht hat noch nie bis in den Osten gereicht."

Als wollte er unsere Begegnung nutzen, wenigstens ein paar Geheimnisse aus dem Urwald zu schmuggeln, verliert er nun keine Zeit, mir einige Bruchstücke aus seinem Leben anzuvertrauen.

Monsieur Ghislain führt mich schlurfend in die Wohnstube. Die wuchtigen, dunklen Möbel mit ihren flämischen Schnitzereien lassen das Zimmer wie ein Museum wirken. In antiquiertem Französisch spricht er so voller Ehrfurcht von dem einflussreichen Anwalt, der hier einst residierte und bereits 1960 in den Wirren nach der Unabhängigkeit das Weite gesucht hatte, als ob der Belgier eines Tages zurückkehren könnte.

Er sei mit seinen Kindern eingezogen, als der Verfall bereits sichtbar war. Nach und nach sei der Putz von der Decke gefallen, die Fensterscheiben aus den morschen Rahmen gebrochen und dann war der erste Balkon herabgestürzt. Jetzt sitze er am liebsten vor dem Haus, von wo aus er dem Treiben am Fluss, seinen Töchtern und den Enkelkindern zuschauen könne. „Wir Menschen wissen mit den Reichtümern des Urwalds nicht umzugehen. Nun erobert er alles zurück", sagt Monsieur Ghislain traurig und greift nach dem kleinen hellblauen Plastikkreuz auf seiner eingefallenen Brust. Er ist sichtlich zufrieden, dass ihm endlich jemand zuhört. Die Kinder wollen von seinen Geschichten über die Kolonialherren nichts mehr wissen. Eine Zeit, die ihnen unendlich weit weg scheint, weil sie selbst genug mit den neuen Besatzern, den Milizen und Blauhelmsoldaten, zu tun haben.

„Früher war die Villa eine der ersten Adressen von Kisangani", schwärmt Monsieur Ghislain. Noch bevor Mobutu die sogenannte „Zairisierung" vorantrieb und alle Geschäfte in Kisangani verstaatlichte und in afrikanische Hände gab, hätte auch die Plünderung der belgischen Villen begonnen. Die Respektlosigkeit, mit der dies vonstatten ging, zeige, dass die Belgier keine gütigen Kolonialherren gewesen seien. Ihre über Jahrzehnte rücksichtslos angehäufte Macht unter König Leopold sei am Ende über Nacht zerfallen. Nicht einmal ihre Möbel hätten sie mehr mitnehmen können. Auch sie Relikte einer Kolonialzeit, die in ihrer Grausamkeit gegenüber den Afrikanern kaum zu übertreffen ist.

Um mir die Abgründe und Untiefen menschlicher Gier zu vergegenwärtigen, hatte ich vor meiner Abreise noch einmal das „Herz der Finsternis“ des polnischen Schriftstellers Joseph Conrad gelesen. Hier, im dichten, undurchdringlichen Urwald rund um Kisangani, wurde einst seine Hauptfigur, der unersättliche Elfenbeinagent Kurtz, größenwahnsinnig. Als Handelsagent hatte er die Ausbeutung der Afrikaner ins Unvorstellbare getrieben und wurde zur Symbolfigur der Kolonialmacht Belgien. Man könnte meinen, Conrad habe auch die Tyrannei der heutigen Milizen beschrieben, die die Menschen in den Dörfern nicht zur Ruhe kommen lassen.

„Die Diamanten sind unser größter Reichtum, aber auch ein Fluch“, meint der Alte. In den vielen kleinen „comptoirs“, den Diamantenläden von Kisangani, ist schon lange kein Schmuck mehr zu sehen. Hier kann ihn sich niemand leisten. Im Umkreis der Stadt liegen zwar einige der reichsten Diamantenminen Afrikas, doch die Steine werden von den Rebellen direkt nach Ruanda oder Uganda geschmuggelt und von dort nach Antwerpen und in alle Welt geflogen. „Die Ruander, die Rebellen und kongolesische Regierungssoldaten plündern die gesamte Region. Sie verdienen gut am Krieg, sonst wäre er längst zu Ende.“

Die Sonne geht als glutroter Ball über dem ruhigen Strom unter, als sich Monsieur Ghislain erschöpft in seinem Schaukelstuhl zurücklehnt. „Da draußen im Wald lauern die Milizen“, erzählt er mit gedämpfter Stimme. Das, was er als Wald bezeichnet, ist der zweitgrößte Regenwald der Welt mit riesigen Koltanvorkommen. Ohne Koltan könnte die Industrie keine hochwertigen Handys herstellen. Darüber hinaus liegen im Umkreis von Kisangani schier unerschöpfliche Goldvorkommen und die zweitgrößten Reserven an Industriediamanten weltweit.

„Wer Kisangani erobert, hat die Macht über die Rohstoffe", erklärt Ghislain. „Das war schon immer so." Das wussten auch die belgischen Händler und bauten ihre Kontore wie für die Ewigkeit. „Die Weißen wollten den Urwald bezwingen." Nachdem ihn ein weiterer Hustenanfall durchgeschüttelt hat, faltet er gefasst die Hände auf seiner dürren Brust. „Doch auch später ist das niemandem gelungen. Inzwischen hält es keinen mehr hier", sagt er traurig. „Viele wollen weg, in der fernen Hauptstadt ihr Glück suchen, auch meine Enkel."

Träge und lautlos fließt der aufgeheizte, braune Strom dahin, als ich am nächsten Morgen von Monsieur Ghislain Abschied nehme und mit meinem Kamerateam auf einem Holzboot stromaufwärts in Richtung Süden nach Kinshasa aufbreche. Geheimnisvolle Baumriesen säumen das Ufer wie versteinerte Götter, die als dichtes, grünes Blätterdach in den Himmel ragen. Ihre Wurzeln verwandeln sich im Tanz der Schatten in Krokodile aus Holz. Dahinter das Unbekannte: der viel beschworene, unermessliche Reichtum des Kongo. Ohne Eile gleiten wir still in unserem kanuähnlichen Einbaum dahin, vorbei an Inseln aus Hyazinthen.

Eine mit Bananenstauden, Holzkohle und Palmöl schwer beladene Piroge steuert auf uns zu. Wir halten an und kommen mit Viktor Baruti und seiner Frau ins Gespräch. Sie sind Urwaldbauern. Die kongolesische Hauptstadt ist für den 40-jährigen Familienvater eine halbe Weltreise entfernt.

„Die Menschen dort wissen gar nicht, was Krieg bedeutet", meint Viktor. Er hat keine klare Vorstellung davon, was ein Staat ist. In jedem Fall aber ist die Staatsmacht weit weg in diesem Land, das größer ist als Westeuropa. „Die taugen nicht viel", fügt er hinzu, „den Krieg jedenfalls konnten sie nicht beenden." Weder er noch seine Frau und die drei Kinder haben je irgendeine Unterstützung von der Regierung bekommen.

Mit ihrer schwer beladenen Piroge gleitet die Familie unter den sattgrünen Baumdächern durch den tropischen Urwald, um die kleinen Dörfer abzuklappern und mit Holzkohle, Mangos und Bananen zu beliefern. Früher, als die Schubkähne auf dem Kongo noch regelmäßig viele Passagiere transportierten, verkaufte Viktors Vater seine gesamte Ladung Bananen, Kokosnüsse und Palmöl an einem einzigen Tag. Von dem Geld konnte eine Familie ein paar Monate leben. Heute kommen kaum noch Schiffe den großen Strom hinauf.

Unser Abstecher in die morastigen Seitenarme des Kongo ist wie ein Ausflug ins letzte Jahrhundert, in eine abgeschiedene Welt. Geduldig werfen Fischer in der brütenden Hitze ihre Netze aus, während die Bauern mit traditionellen Hacken ihre Maniokfelder bearbeiten. Die Idylle täuscht über die marodierenden Milizen hinweg, die immer wieder die Bevölkerung drangsalieren. Die Alten erinnern sich noch an die ersten Weißen, die sie in ihrem Leben sahen. Flämische Missionare, die im Wettlauf um afrikanische Seelen bis in die abgelegensten Dörfer gelangten und aus ihren Vätern die ersten kongolesischen Katechisten machten. Steinkreuze erinnern an diesen christlichen Feldzug, mit dem sich die Belgier ihre riesige Kolonie erschlossen, achtzig Mal so groß wie die europäische Kolonialmacht selbst.

Alle wichtigen Entwicklungen, Waren, aber auch große Ideen wie die Zairisierung sind über den Strom gekommen und dann langsam ins Land vorgedrungen. Bis heute ist der Kongo die Lebensader der Kongolesen. Ohne diesen Fluss wäre die Hauptstadt nicht lebensfähig. Kinshasa selbst produziert nichts. Alles kommt über den Strom aus dem Landesinneren, weil es noch immer kaum Straßen gibt. Durch den Krieg ist der Schiffsverkehr allerdings seit Jahren eingeschränkt.

Tagelang warten wir auf ein Schiff, das bis nach Kinshasa fährt. Die Fahrpläne in der Hafenmeisterei sind reine Makulatur. Immer wieder werden wir vertröstet, bis wir endlich begreifen, dass die wortreichen Beteuerungen des Hafenmeisters nicht viel wert sind. Der nächste Frachter wird erst fahren, wenn es einem findigen Reeder gelungen ist, genügend Benzin aufzutreiben. Dafür müssen sie unterbezahlte Regierungsbeamte schmieren oder eine größere Lieferung für die UN-Landcruiser Flotten abfangen.

Endlich ergattern wir einen alten Frachter. Auf dem Oberdeck begrüßen uns vier junge Männer mit lautem Gelächter. Ihr Kartenspiel trägt auf der Rückseite die vielsagende Aufschrift „Titanic“ und ein Porträt des amerikanischen Schauspielers Leonardo DiCaprio. „Bienvenue“, ruft uns Jérôme, einer der Kartenspieler, zu, als die Schiffglocke zum Aufbruch läutet.

Im dichten Nebel legt der breite Frachtkahn ab und gleitet durchs Wasser. Ohne Umschweife beginnt Jérôme eine Unterhaltung mit mir. Der 28-Jährige wäre gerne Lehrer geworden, doch Beamte werden wegen der leeren Staatskassen oft monatelang nicht bezahlt. In einem Textilunternehmen in Kisangani packte er die bunten, kongolesischen Stoffe in Kisten, bis dann auch diese letzte Fabrik in der Region zumachte. Jérôme schlug sich mit „friperie“, Secondhand-Klamotten, durch. Monatelang jonglierte er am Flussufer riesige Stapel abgetragener Hosen und T-Shirts aus Europa und Amerika. Die Hilfsorganisationen verfrachten all die

Altkleider, die in Nairobi keiner tragen will, ins Krisengebiet Ostkongo. Doch nach Jahren des zermürbenden Krieges kann sich in Kisangani kaum noch jemand eine abgelegte Calvin-Klein-Jeans leisten. Also stopfte Jérôme die besten Stücke seiner Kollektion in seinen Rucksack, um sie nun in der kongolesischen Hauptstadt zu verhökern.

Noch immer hüllt sich der tropische Wald in Nebelschwaden, als der Kontrolleur Gabriel Kuama seine erste Runde auf dem alten Kahn dreht, um Geld einzutreiben. „Die wenigsten können sich eine Fahrkarte kaufen", sagt Gabriel und mustert sorgenvoll seine dreihundert Passagiere. Zwischen wehender Wäsche und Zeltplanen, die vor Sonne und Feuchtigkeit schützen sollen, sitzen die Leute auf Wasserkanistern und ein paar abgegriffenen Plastikstühlen. Auf dem verrosteten Deck spielen Kinder mit Kronkorken Bao, die Mutter aller afrikanischen Spiele, die Erwachsenen dösen in der Sonne. Das Boot ist ein fahrendes Flüchtlingslager. Die meisten flüchten vor dem Krieg. „Als Christ versuche ich zu helfen, wo ich kann", erklärt Gabriel und wirkt in seinem wehenden blauen Hemd wie ein Priester. „Alles, was wir tun, wird ein Teil von uns, lautet ein altes kongolesisches Sprichwort."

Bis in die frühen 90er-Jahre fuhren die Frachter jede Woche in den kongolesischen Regenwald wie mobile Bazare, voll beladen mit Schulbüchern und Luxusgütern aus Europa. Als Kind hat Jérôme die schwimmenden Märkte auf dem Weg in den Urwald bestaunt. Heute sind die alten Schrottkähne zu Archen gescheiterte Glücksritter verkommen. Der Wiedereröffnung des Schiffsverkehrs sah Jérôme zunächst optimistisch entgegen, als Startschuss in den Frieden. Doch die Hoffnung, heimische Produkte wie Kaffee, Kakao und Palmöl auf den Frachtschiffen nach Kinshasa zu befördern, sei mit jeder Welle der Gewalt aufs Neue enttäuscht worden.

Jérôme und seine Freunde haben sich mit ihren Bastmatten und dem Ghettoblaster vorne auf dem oberen Deck eingerichtet, weit weg vom lärmenden, stinkenden Schiffsmotor. Unten im Rumpf ist es ihnen zu eng und zu stickig. Dort wird jeder Millimeter genutzt. Von der Decke baumeln Fahrräder, Reis- und Manioksäcke, Kanister und zahllose Plastiktüten, vollgestopft mit allem, was sich auf den Märkten der Hauptstadt irgendwie verkaufen lässt. Tagsüber sitzen die Menschen auf ihren schäbigen, zusammengerollten Matratzen und auf Paletten von Kernseife. Nachts nutzen sie ihre Sporttaschen und Tüten, in denen sich ihre letzten Habseligkeiten befinden, als Kopfkissen. Die kongolesische Hauptstadt kennt Jérôme wie die meisten hier nur aus den Erzählungen.

Er kann es kaum erwarten, endlich anzukommen. Im grünen Anorak und mit seiner schwarzen Wollmütze lehnt er in der kühlen Brise an der Reling und putzt sich die Zähne. Auch wenn das Wasser aus dem Kongo braun und dreckig sei, habe es die geballte Kraft des mächtigen Stroms, ruft uns Jérôme grinsend zu. Wir lehnen dankend ab. Wie in einer riesigen Freilufttherberge leben alle im Rhythmus des Flusses. Das schmiedet zusammen. Der Alltag auf dem Frachtkahn ist wie zu Hause im Dorf. Sie kochen, waschen, singen und schlafen gemeinsam. Und sie alle haben dasselbe Ziel: ein neues Leben ohne Krieg im fernen Kinshasa.

„In Gottes Namen sollt ihr alle wie Felsen in der Brandung sein", ermuntert der scheu wirkende Gabriel seine Gemeinde und greift zur Bibel. „Was bleibt uns denn sonst? Wir müssen wenigstens unseren inneren Frieden wahren, wenn da draußen schon kein Frieden herrscht."

Im fahrenden Dorf ist über Nacht Nachwuchs zur Welt gekommen. Ein Kalb. Der Laienseelsorger Gabriel soll seinen Segen geben. Stolz zeigt ihm der quirlige alte Bauer Lisumbu Muanga das Neugeborene. Eine Geburt auf dem Wasser – das ist ein gutes Omen. Ein Segen von Gott. Zufrieden wäscht es der Bauer mit lehmigem Flusswasser. Für eine ausgewachsene Kuh bekommt Muanga in Kinshasa viel Geld. Er ist bester Laune. „Das ist mein Kapital für eine neue Existenz in Kinshasa."

Wir kommen an einem mächtigen Holzfloß aus langen Baumstämmen mit wehenden weißen Segeln vorbei. Auf den gigantischen Urwaldhölzern, die mit dicken Tauen und Ketten fest miteinander verknotet sind, sitzt eine sechsköpfige Besatzung vor improvisierten Zelten aus Plastikplanen. „Das sind die wahren Flussmenschen. Die wissen, wie man Floße baut", meint Gabriel. Lautstark verhandelt er mit dem Kapitän. Wenn wir uns still verhalten, dürfen wir an Bord kommen. Der stämmige Kapitän begrüßt uns lachend als „Muzungus", dem Swahili-Wort für die Weißen und eine Bezeichnung für die, die um sich selbst kreisen und immer geschäftig durchs Leben gehen. „Hier lernst du, die Ruhe zu bewahren", klärt uns Kapitän Omari Dieu Donné auf. Das ist oberstes Gesetz. „Du kommst nicht unbedingt schneller an, wenn du rennst. Ein altes afrikanisches Sprichwort." Ohne Motor gleitet die Mannschaft in ihrem zugigen Wohnzimmer schon seit fünf Monaten über den Kongo. Für die Reise von Kisangani bis nach Kinshasa brauchen sie Monate.

Früher waren die Floße mit starken Motoren versehen, mit denen der erfahrene Kapitän gerade mal eine oder zwei Wochen für die Reise benötigte. Doch die Firma, die sie herstellte, ist pleite und importieren ist zu teuer. „Also müssen wir uns wieder dem Fluss ausliefern mit all seinen Tücken und Launen, dem Wind und den Strömungen", meint Omari Dieu Donné gelassen. „Keiner kennt ihn wie wir." Stolz steht er in seiner blauen Wolljacke auf der kostbaren Fuhre.

„Dieser Fluss kann wirklich sehr launisch sein. Schon unsere Großeltern mussten die Götter im Fluss besänftigen. Uns bleibt manchmal auch nichts anderes übrig. Wenn der Fischfang mal nicht richtig läuft, müssen wir mit den Flussgöttern Kontakt aufnehmen. Dann werfen wir Zucker in den Fluss, Salz oder Streichhölzer, um sie zu besänftigen. Früher auch ganze Fahrräder. Doch das können wir uns im Augenblick nicht leisten", sagt er grinsend und zeigt auf acht mickrige Fische auf einem Plastikteller. „Und das ist prompt das Ergebnis."

Zurück auf unserem Kahn schließen wir uns Gabriel an, der auf die Brücke eilt und uns auffordert mitzukommen. Er muss Ausschau halten, da wir uns einem gefährlichen, felsigen Flussabschnitt nähern.

Im Führerhäuschen weist er vielsagend auf die große Aufschrift „Dieu est mon bouclier", „Gott ist mein Schutzschild." Er wirkt angespannt, als er Kapitän Palanga über die Schulter blickt. Die beiden sind ein eingespieltes Team. Hier im unteren Flussverlauf komme man ohne göttlichen Beistand kaum heil an den großen Felsen vorbei. Mit inbrünstigen Stoßgebeten beschwört Gabriel den Strom, während Palanga all sein Geschick aufbieten muss, die verrostete Kiste sicher durch die tückische Strömung zu manövrieren. Die Sicht ist schlecht. Der Kahn ist schon den ganzen Morgen in milchweißen Nebel gehüllt. Unermüdlich taucht der Lotse am Bug des Schiffes seinen Holzstab ins Wasser, um die Gesteinsbrocken zu erkunden. Plötzlich gestikuliert er aufgeregt zur Brücke.

Aber da ist es auch schon geschehen, der altersschwache Frachter ist knirschend auf eine Sandbank gelaufen. Blitzschnell legt Kapitän Palanga den Rückwärtsgang ein. „Wenn wir das jetzt nicht sofort schaffen, wird es kompliziert", meint er kurz angebunden. Ein paar Mal manövriert er den Kahn hin und her. Mit einem heftigen Ruck, der das Stahlmonster auseinanderzureißen droht, löst sich das Schiff aus dem Sand. „Das war ziemlich knapp", ruft der Kapitän dem Lotsen zu. „Manchmal bleiben Schiffe hier wochenlang stecken", sagt Palanga grinsend und zeigt zum anderen Ufer, wo ein verrostetes Fährenwrack halbversunken im Strom liegt. Steil ragt der Bug aus dem Wasser, als hätte der Kapitän noch versucht, seine Fähre an Land zu bekommen. Wie eine Warnung liegt es dort. „Einer der vielen Fährunfälle, 160 Menschen sind dabei ertrunken. Der Fluss ist heimtückisch hier, die Strömung unberechenbar. Und wenn ein Felsen erst ein Loch in den Rumpf gerissen hat, kann dir keiner mehr helfen. So ein Kahn sinkt wie ein Stein."

Nördlich von Kinshasa werden die Konturen des alten Präsidentenpalastes von Diktator Mobutu Sese Seko sichtbar. Staunend blickt Jérôme auf die verwaiste, kantige Villa aus den 70er-Jahren, in der früher Champagner rosé, das Lieblingsgesöff des Despoten, in Strömen geflossen sein soll.

Alle halten den Atem an. Seit das Gekreische seiner Partygäste aus aller Welt verhallt ist, vermodert die überdimensionierte Schwimmlandschaft mit Rutschen und Sprungtürmen hinter einer mannshohen, halb eingestürzten Mauer. Wie ein Renaissancefürst hatte sich der große Ausbeuter des Kongo pompöse Herrensitze im ganzen Land errichten lassen. Zwischen diesen Trutzburgen war der paranoide Herrscher in den letzten Jahren seiner Schreckensherrschaft im Verfolgungswahn hin- und hergeeilt, immer auf der Flucht vor vermeintlichen Attentätern. Seine monströsen Anwesen waren vollgestopft mit übelstem Diktatorenkitsch: Porzellan aus aller Welt, schwülstige Ölgemälde, aber auch die ersten Computer im Kongo. Als seine Untertanen dann 1997 die Paläste erstürmten, schmissen sie den Krempel einfach auf die Straße. Die Wut auf den maßlosesten aller afrikanischen Diktatoren war groß. Kaum ein anderer Kleptokrat hat so viel Geld ins Ausland nach Belgien, Südfrankreich und in die Schweiz geschafft. Mobutus Privatvermögen wird auf vier Milliarden Dollar geschätzt.

Der alte Bauer Muanga mit seinem sonnengegerbten Gesicht schreit los, sein junges Kalb im Arm: „Seht euch das an! Dafür hat uns dieser Gangster gequält. Er möge in der Hölle schmoren!“

Sein Neffe zetert gleich zurück: „Was erzählst du da? Mobutu hat Großes für unser Land geleistet. Er hat den Kongo vereint. Das war eine große Epoche. Die jetzige Regierung schafft es ja nicht einmal, diesen Palast instand zu halten, geschweige denn so etwas zu bauen. Unser Land braucht einen starken Mann an der Spitze.“ Davon sind auch seine Freunde überzeugt, die das eiserne Regime des größenwahnsinnigen Herrschers mit der Leopardenmütze nie am eigenen Leib miterlebt haben. Übermächtig ist ihre Sehnsucht nach einem Führer, der sie endlich herausführt aus dem Tal der Bedeutungslosigkeit.

Bauer Muanga aber ist verbittert. „Kein anderer Präsident hat so wenig für sein Volk getan. Am Ende hat er sich wie eine Ratte in seinem Marmorpalast im Dschungel verkrochen."

Wir fahren lautlos in das Hafenbecken ein. Wie eine Galionsfigur steht der Lotse in einem knöchellangen Mantel vorne am Bug. Aus dem dichten Nebel greifen verrostete Kräne wie Krakenarme in den grauen Himmel. Abgesoffene Kähne, die hier schon seit Ewigkeiten vor sich hin rotten, zeichnen sich ab; ihre Schornsteine ragen aus dem Wasser. Der Hafen von Kinshasa gleicht einem Friedhof abgetakelter Frachtschiffe. „Früher müssen hier die Frachter in mehreren Reihen gelegen haben", schwärmt Kapitän Palanga. Jérôme schaut verunsichert auf die vielen Stahlgerippe. Dahinter, fast übergangslos, das Häusermeer von Kinshasa. So hatte er sich die Hauptstadt nicht vorgestellt.

Er rückt seinen Rucksack zurecht, darin die gut verstaute Kollektion „friperie". Ungeduldig drängelt er mit seinen Begleitern von Bord. Heute ist ein besonderer Tag. Die Nachricht geht rum wie ein Lauffeuer: Papa Wemba, einer der erfolgreichsten kongolesischen Musiker, stattet seiner Heimat nach Jahren im europäischen Exil eine Stippvisite ab. Seine Musik kennt im Kongo jedes Kind, selbst die Neuankömmlinge aus dem Urwald.

Jérôme sprudelt vor Begeisterung. Papa Wemba wird in Kinshasa auftreten. Freier Eintritt für alle, ein Geschenk an seine geschundenen Landsleute. „Vielleicht will sich ja noch jemand für das Konzert mit einer Calvin-Klein-Jeans einkleiden?", spekuliert Jérôme. Ganz Kinshasa scheint auf den Beinen.

Im Hafen herrscht reges Treiben. Überall auf den Schiffswracks haben sich Bürgerkriegsflüchtlinge häuslich eingerichtet. Einige sind mit bunt aufgemalten Porträts zu Friseursalons umfunktioniert worden. Hoch oben auf den Stahlmonstern thronen Schiffsarbeiter und lassen sich mit alten Klingen perfekte Papa-Wemba-Haarschnitte und -Rasuren verpassen, um sich dann in Glasscherben kritisch zu begutachten. Geduldig verwandeln sie sich heute in sogenannte „Sapeurs“, wie uns Jérôme mit seiner tiefen, sonoren Stimme erklärt. „Ein Sapeur gibt sein weniges Geld lieber für Luxusartikel und Versace-Klamotten als für Lebensnotwendiges aus.“ Als Kinshasa in den 70er- und 80er-Jahren noch einem Laufsteg internationaler Mode glich, übertrafen sich die zornigen „Sapeurs“ mit ihren dunklen Sonnenbrillen beim Schlendern und Flanieren gegenseitig. Das war das Credo von Papa Wemba, der aus einem Armenviertel von Kinshasa in die höchsten Sphären einer internationalen Musikkarriere aufstieg und heute in Paris und Brüssel lebt. Jérôme strahlt. Mit seinen Altkleidern ist er hier genau am richtigen Platz. Die Mode, die der Star aus der Gosse zelebriert, ist immer auch ein ironischer Kommentar zur Politik. Deshalb ist der König des Rumba-Rocks wie ein Milizenchef in Designer-Uniform aus dem Flieger gestiegen und fordert damit die Macht des Militärs heraus. Seine Fans schäumen über vor Freude. Denn sie wissen genau, ihm kann keiner etwas.

„Was für eine Begrüßung“, schwärmt Jérôme. „Jetzt ist die Stunde der Kleiderhändler.“ Und es wird Zeit für den Abschied. Jérôme winkt uns noch ein paar Mal zu, bis er im Gewühl verschwindet. Gabriel will so schnell wie möglich zu seiner Familie, die er schon seit einem Monat nicht mehr gesehen hat. Zusammen mit den frisch Frisierten, die zum Konzert wollen, schiebt er sich durchs Hafentor. Zurück bleiben nur die Gestrandeten, die ihre mühsam erkämpften Schiffswracks lieber nicht verlassen, weil sie damit ihr Bleiberecht gefährden könnten.

Vor einem der verrosteten Kähne treffen wir die 28-jährige Claire Ndondo, eine feingliedrige, hübsche Kongolesin. Sie stammt aus Kisangani. Vor vier Jahren kam sie auf einer Fähre nach Kinshasa, auf der Flucht vor dem Bürgerkrieg im Osten. Einen Job hat sie bisher nicht gefunden. Und weil sie sich die Miete für eine Wohnung nicht leisten kann, wohnt sie mit ihren beiden Söhnen als Wächterin auf einem ausgemusterten Fährschiff. Sie soll aufpassen, dass das Boot nicht völlig auseinandergenommen wird. So lautet der Auftrag des Besitzers, der auch auf bessere Zeiten wartet.

Eines Tages will Claire nach Kisangani zurückkehren. Doch bisher fehlt ihr das Geld für die Fahrkarten. Weil sie schon seit Monaten über nichts anderes mehr redet, haben ihre Söhne einen kleinen Kahn aus gelbem Styropor gebastelt. Eine Konstruktion, an der die beiden lange herumgetüftelt haben. Immer wieder haben sie die großen Schiffe im Hafen beobachtet. Mit ein paar Batterien und einem Propeller ausgerüstet, tuckert der kleine Schubkahn durch das dreckige Hafenbecken, „in Richtung Kisangani, in den Urwald", erklären die Jungen. „Das ist doch wie ein kleines Wunder", meint Claire verträumt, „und vielleicht geschehen ja endlich bald auch große."

## Die Wüstensöhne Malis

Bereits um sechs Uhr morgens, wenn das erste Gebet des Imam am zartrosa Morgenhimmel von Bamako ertönt, ahnt man die brütende Hitze, die sich bald lähmend über der malischen Hauptstadt ausbreiten wird.

Ahmed, ein junger Tuareg, der normalerweise Touristen durch die Wüste Malis fährt, wird uns in seinem Geländewagen über tausend Kilometer zur Hochzeit seiner Cousine bringen. Die Familie hat zugestimmt, sich von uns filmen zu lassen. Ahmed zeigt uns ein einzelnes, vergilbtes Foto seiner Eltern mit einem Wasserbehälter aus gegerbtem Ziegenfell vor einem endlosen Meer aus Sand. „Das sind die wichtigsten Dinge in meinem Leben: die Familie und das Wasser. Beides braucht man als Tuareg, um in der Wüste zu überleben." Mit diesen Worten Ahmeds machen wir uns auf den Weg in die Altstadt.

Hungrig blickt der 26-Jährige auf die köstlichen „Beignets", kleine, in Öl gebratene Teigbällchen, die füllige Afrikanerinnen in weiten Gewändern an den Straßenecken brutzeln. Kurz vor Ende des Ramadan fühlt sich Ahmed ziemlich ausgelaugt. Eilig hastet er voraus, vorbei an sandgelb getünchten Häusern, vor denen verschlafene Männer auf niedrigen Schemeln sitzen. Leise murmelnd stochern sie in der Glut unter ihren kleinen

Kochern und brühen zufrieden ihren morgendlichen Minztee. Die ersten Kinder machen sich in ihren Schuluniformen auf den langen Schulweg quer durch die Stadt. Vor der Moschee nutzen Straßenhändler die kühlen Morgenstunden, um ihre Stände wieder mit Sonnenbrillen, Gebetsperlen und chinesischem Ramsch aller Art zu bestücken.

Ahmed genießt mit ein paar anderen Frühaufstehern das Fußbad an der kleinen, weiß getünchten Moschee im Viertel Bagadaji. Inshalla. Möge Gott ihn schützen auf seiner Fahrt mit uns nach Timbuktu.

Mit den ersten Sonnenstrahlen wirft Ahmed seinen kleinen Beutel und unser Gepäck in den Geländewagen und verschnürt routiniert einige Wasserkanister oben auf dem Dach. Dann fahren wir gemächlich durch die eng bebaute Altstadt von Bamako. Tätowierte schlanke Nomadinnen vom Stamm der Fulani schreiten erhobenen Hauptes durch die Gassen des alten afrikanischen Viertels, die Haare kunstvoll hochgesteckt. Mühelos balancieren diese Kräuterhexen aus der Wüste ihre Bündel mit Naturmedizin. Die Tuareg haben großen Respekt vor ihnen, erfahren wir von Ahmed. Sie schleppen ihre erlesenen Heilpflanzen aus der Sahara bis nach Niamey, der Hauptstadt des Niger, und wieder zurück. Mehrere Monate sind sie unterwegs, die wenigen Habseligkeiten und ihre Kinder stets auf dem Rücken.

„Das Leben in Bamako findet auf der Straße statt“, sagt Ahmed und genießt offensichtlich die frische Morgenluft. „Die Afrikaner leben im Gegensatz zu den Tuareg gerne dicht an dicht. Jeder weiß alles über jeden. Ganz anders als in der Wüste. Da hat man Platz.“

Skeptisch blickt Ahmed mit zusammengekniffenen Augen in die Sonne, die matt silbern hinter dem dichten Staubschleier glänzt, der am Horizont aufgezogen ist. Schon bald wird durch den Harmattan wieder feinster Sandstaub in alle Ritzen fegen. Zum Schutz gegen den Sand, der sich wie ein

Film auf die Haut legt, hat uns Ahmed einen vier Meter langen Stoff als Tagelmust kunstvoll um den Kopf geschlungen.

Ahmed weiß nicht genau, wie viele Kilometer er jährlich in dem alten Toyota zurücklegt. Etwa dreißigtausend sind es seiner Schätzung nach. „Selbst wenn ich Touristen herumkutschiere, versuche ich bei Verwandten vorbeizuschauen", meint er grinsend. „Der Job als Fahrer entspricht dem Lebensgefühl eines modernen Nomaden. Mein Vater war noch auf Kamelen durch die glutheiße Wüste unterwegs."

Zwar quälte sich Ahmed durch eine Lehre zum Automechaniker, doch Autos sind dem Feingeist bis heute suspekt. Auf der Schnellstraße Richtung Norden fährt der Asphalt-Tuareg eher zaghaft und bremst schon lange vorher, wenn eine Herde Ziegen am Straßenrand auftaucht. „Lentement! Le goudron est dangereux. Asphalt verführt zum schnellen Fahren. Da kann man schnell mal ein Tier übersehen", erklärt der Wüstensohn, der schon als Sechsjähriger Ziegen und Schafe und später Kamele gehütet hat. Bis heute fährt er lieber Sandpiste; manchmal rast er dann allerdings mit 150 Kilometern durch die Wüste.

Kleine Dörfer aus Lehmbauten, aufgetürmtes Gemüse, Männer in weißen und blauen Gewändern, Frauen in bunten Roben und die dornige Halbwüste fliegen an uns vorüber. Endlich der mächtige Niger. Zielsicher fährt Ahmed zu der kleinen Stahlfähre, die unermüdlich Menschen und Fahrzeuge über den Niger trägt. Um uns herum türmen sich Matratzen, Reissäcke, Gebetsteppiche und bunte Decken, günstig in der Hauptstadt Bamako erworben. Ahmed lehnt gelassen am Geländer und zupft seinen Tagelmust zurecht. Der Strom strahlt ungeheure Ruhe und Würde aus. Die ersten Eroberer fluchten noch über den majestätischen Fluss und nannten ihn das Grabmal des weißen Mannes. Sie gingen in den Sümpfen des Niger elend an Malaria zugrunde. Heute ist er die Lebensader des Wüstenstaates Mali.

Sobald unser Geländewagen von dem klapprigen Kahn gerollt ist, geht es auf Sandpisten weiter, schnurgerade gen Norden, vorbei an einfachen windschiefen Nomadenzelten aus Palmenwedeln und vereinzelten Lehmdörfern. Verkehrsschilder gibt es hier keine mehr. Mühelos orientiert sich Ahmed an Steinen und Akazien, an zerfetzten Reifen und verbeulten Tonnen, die als Wegweiser dienen.

Erst kurz vor dem südlichen Stadttor von Timbuktu beginnt wieder Asphalt. Die Stadt, die einmal von goldenen Zinnen umgeben gewesen sein soll, war früher Treffpunkt der Karawanen.

Kaum angekommen, greift Ahmed nach seinem Gebetsteppich und läuft eilig zur Moschee. Er kommt gerade noch rechtzeitig zum Freitagsgebet und fädelt sich mühelos in das Ritual ein. Vor ihm ein Meer betender Moslems in farbenfrohen Gewändern. In mehreren Wellen verneigen sie sich vor der Moschee und pressen ihre Stirn inbrünstig in den Sand. Hoch konzentriert lauschen sie dem Murmeln des Imam und beobachten jede Bewegung des Vorbeters. Ahmed mit seinem einfachen braunen Gewand hat den Gebetsteppich etwas beschämt am Rand dieser herausgeputzten Gemeinde ausgerollt. Plötzlich erheben sich die Gläubigen wieder, die Zeremonie ist abrupt zu Ende. Munter schwatzend verschwinden die Muslime in ihren wehenden Boubous in den staubigen Gassen zwischen den Lehmbauten von Timbuktu.

Der Islam gibt den Rhythmus in diesem Landstrich vor, stärker als jede Staatsmacht. Als christliche Missionare am Niger eintrafen, versuchten sie das Land per Dekret zum Christentum zu bekehren, doch bis heute bleibt der moderate Islam in Mali als soziales Netzwerk tief verwurzelt.

Ahmed ist in dieser einstigen Stadt der Gelehrten mitten in der Sahelzone aufgewachsen, unter Viehzüchtern ohne

Vieh und den vornehmen „Imajaren", die das Leben als Nomaden aufgegeben hatten. „Wir würden nie im afrikanischen Teil der Stadt leben", erklärt Ahmed. Ihren Stolz haben die Tuareg nicht eingebüßt, wenngleich die Dürre der letzten Jahre ihr Vieh dahingerafft und sie in die Städte getrieben hat. „Eigentlich verletzt es unser Ehrgefühl, als Handwerker zu arbeiten, aber inzwischen verdienen immer mehr von meinen Freunden ihr Geld als Tagelöhner in Ziegelbrennereien in Bamako oder in der Hafenstadt Mopti."

Wie alle Tuareg hält Ahmed die Lebensweise der Nomaden für überlegen. Den Alltag der Afrikaner wird er nie verstehen. „In der alten Welt der Afrikaner hatten Geister und Dämonen das Sagen", meint Ahmed, „während wir als blaue Ritter der Wüste nach einem klaren, strikten und nüchternen Ehrenkodex lebten. Im Herzen sind wir Krieger geblieben. Früher hatten die meisten Familien Sklaven: Afrikaner, die den Haushalt führten und sich um die Felder kümmerten. Als Gegenleistung hatten wir die Verpflichtung, unsere Sklaven zu schützen. Diese alte Ordnung löst sich langsam auf. Auch wenn wir sie Sklaven nannten, so haben wir sie nicht wirklich schlecht behandelt", fügt er achselzuckend hinzu. „Ihr Toubabou, ihr Weißen, werdet das nie verstehen." Die Herrscher der Sahara tun sich schwer mit der Macht afrikanischer Politiker im fernen Bamako. Sie mussten mit ansehen, wie die Söhne schwarzer Sklaven Bürokraten und Politiker wurden und nun über das Schicksal ihrer einstigen Herren entscheiden.

Ahmed schlendert durch die engen, sandigen Gassen von Timbuktu. Umgeben von Kleiderballen, Wolldecken und Matratzen trinkt er Tee mit Tuareg-Freunden, die er schon lange nicht mehr gesehen hat. Ein endloses Palaver zwischen plärrenden Transistorradios. Der Markt war schon immer Treffpunkt für die Tuareg und Wüstenreisende, die sich hier mit dem Lebensnotwendigsten ausstatteten. „Bereits unsere Großeltern bekamen hier ihren Tee, ihre Hirse, Gewürze und Zucker. Heute ist das nicht anders“, erzählt Ahmed im winzigen Krämerladen eines alten Tuareg, der sich mit dem Verkauf von verstaubten kleinen Teepaketen, Seifen und Streichhölzern mühsam über Wasser hält. Mit seinen knochigen Fingern reicht er Ahmed ein abgegriffenes Päckchen Tee und eine in Papier gewickelte Seife.

Seine kleine Nichte hilft dem Halbblinden, seine Ware zu entstauben. „Er musste sich zur Ruhe setzen, weil er die anstrengenden Karawanen körperlich nicht mehr verkraftet hat“, sagt Ahmed. „Seine Söhne haben ihm diesen Laden eingerichtet.“

Nach und nach kommen einige Kinder aus dem Tuareg-Viertel, kaufen Tee oder Zucker und drücken dem Alten ein paar Münzen in die Hand. Im Schneidersitz thront er inmitten seiner Waren und schwärmt seiner staunenden Nichte von den Azalaï, den großen Salzkarawanen vor, die er früher miterlebt hat. In ihrem Alter habe er an Karawanen mit 30.000 Kamelen quer durch die Sahara teilgenommen.

Noch immer laufen die alten Handelsrouten durch Timbuktu. Nur werden heute die Waren aus Algerien, dem Niger, aus Mauretanien und Marokko auf Lastwagen transportiert.

Geschaffen wurde Timbuktu jedoch als ein Ort der Wissenschaft, referiert Ahmed stolz und schlüpft in die Rolle des Touristenführers. 180 Koran Schulen soll es hier einmal gegeben haben, erklärt er uns. Im Mittelalter zog es Gelehrte aus aller Welt in die Stadt mit den goldenen Dächern, auch den deutschen Humanisten Heinrich Barth, dem hier eine Straße gewidmet ist, die Ahmed natürlich immer den deutschen Touristen zeigt. Im Laufe der Jahrhunderte ist in den Moscheen dieser staubigen Stadt ein einzigartiges Archiv entstanden: philosophische, rechtliche und religiöse Schriften des Islam, die es sonst nirgends auf der Welt gibt. Mehr als 80.000 Manuskripte soll es in Timbuktu geben. Viele davon sind leider in die Hände von Schwarzhändlern geraten. Andere zerfallen in Truhen und Abstellkammern zu Staub. Der Harmattan scheint sich die Stadt mit der ältesten Universität der Welt, der Moschee von Sankoré, zurückerobern zu wollen. Die Wüstenstadt lebt nur noch vom Klang ihres Namens. Heutzutage sind es hauptsächlich Rucksackreisende, die es nach Timbuktu verschlägt. „Und die geben nicht gerade üppige Trinkgelder", schimpft Ahmed.

Ab jetzt tauchen wir in die Sahara ein. Wie alle „Asphalt-Nomaden", die ihre Kamele gegen Benzinkutschen eingetauscht haben, freut sich Ahmed auf ein paar Nächte in der Wüste. Mit kleinen Schlenkerbewegungen steuert er mühelos durch das Sandmeer. Ahmed ist in seinem Element. Nach Stunden wird am Horizont eine kleine Siedlung sichtbar, wie eine Fata Morgana. Hier gibt es zwar kein fließendes Wasser, aber Solarzellen und eine Satellitenschüssel. Unter gegerbten Lederhäuten tagt der Familierat. Sie haben schon auf Ahmed gewartet.

Die Freude ist groß, die Begrüßung ausgiebig. Fragen prasseln auf ihn ein. In einem uralten Ritual, das bei allen Nomaden Afrikas ähnlich abläuft, tauschen sie sich aus und wollen genau wissen, wen und was die Reisenden auf dem Weg alles gesehen haben. Geduldig haken sie immer wieder nach, fragen ihm Löcher in den Bauch. Ahmed ist für sie eine Art Mittelsmann und hält die Familie zusammen, die über die ganze Sahara verteilt ist.

Gekonnt gießt Ahmeds Cousin den stark gezuckerten grünen Tee immer wieder um, bis er eine schöne Schaumkrone bildet. Als Neuankömmling bekommt Ahmed den ersten Schluck seines Lieblingsgetränks. Nur in Verbindung mit dem Wüstenwind könne dieser Tee sein Aroma richtig entfalten, meint er fachmännisch. Dieses Paket sei auf den alten Kamelpfaden aus dem Norden Nigerias hierher gelangt. Der Schmuggel in der Sahara floriere, dank eines Netzes an Helfern, Polizisten und Zollbeamten, die kräftig geschmiert werden, erklärt er mir. Die Tuareg sehen darin die Fortsetzung des Karawanenhandels. Am meisten Geld machen die sogenannten „Marlboros", die sich auf den Zigarettenschmuggel spezialisiert haben. „Ein ausgesprochen lukratives Geschäft", sagt Ahmed, denn hier draußen in der Wüste raucht fast jeder.

Genüsslich wiegt sich Ahmeds Onkel in der Abendbrise und erzählt zufrieden, dass er für seine Nichte einen Sohn aus einer wohlhabenden Viehzüchterfamilie ausgewählt habe. Der Bräutigam besitze viele Kamele, Ziegen und Schafe. Diese „gute Partie" habe der Familie Tiere und Wasserrechte gesichert. Eigentlich hätte Ahmed nach alter Tuareg-Sitte als Cousin ein Vorrecht auf die Braut gehabt, erzählt er uns grinsend, doch wolle er sich noch nicht festlegen. Er suche noch die Richtige.

Die ersten Verwandten in Festkleidung treffen ein. Manche haben ziemliche Gewaltmärsche hinter sich. Dennoch wirken sie wie aus dem Ei gepellt – viele Frauen in Schwarz, dick mit Silberschmuck behangen, die Männer in feinen Indigoroben als stolze Herren der Wüste. „So eine Familienzusammenkunft ist auch ein Heiratsbazar", erklärt Ahmed. Hier mustern und testen Cousins und Cousinen einander. „Wir haben in unserer Sprache Tamaschek noch nicht einmal ein Wort für Jungfräulichkeit. Darauf kommt es uns auch nicht an, wenn wir heiraten", meint er. „Heiraten heißt bei uns ‚Zelte knüpfen'." Und schon stürzt sich Ahmed ins Gewühl. Als moderner Junggeselle ist er bei den Frauen sehr gefragt.

Am traditionellen Kamelrennen nimmt Ahmed nicht teil. Neidvoll schaut er zu, wie einige der jungen Tuareg vor den

Augen der angereisten Gäste als Reiter ihre Geschicklichkeit unter Beweis stellen. Ahmed könnte sich nie so lange auf dem Rücken eines störrischen Wüstenschiffs halten. „Da oben auf dem Kamel wird man richtig eins mit der Wüste“, schwärmt er. „Bis heute können moderne Lastwagen den Kamelen und Karawanen nicht das Wasser reichen. LKWs müssen ständig gewartet werden, der Sand setzt ihnen zu. Kamele sind unschlagbar dagegen. Nie würde ein Tuareg sein Kamel überladen, bei seinem Wüstenfahrzeug kennt er da keine Hemmungen.“

Plötzlich taucht unter wilden Willkommensschüssen ein Geländewagen auf, und vor dem Zelt des Bräutigams wird ein in Tücher eingeschlagenes Paket abgelegt. Eine völlig vermummte Braut, die ziemlich unzeremoniell in ihr neues Leben in der Familie des Bräutigams gestoßen wird. Die kreischenden Frauen kümmern sich sofort um sie und bringen ihr nach alter Tradition Essen und Geschenke. Es ist vielleicht der einzige Tag im Leben dieser Frau, an dem sie sich nicht selbst um alles kümmern muss.

In dieser Nacht wird sie der Bräutigam nicht sehen dürfen. Er schießt zusammen mit den anderen Männern immer wieder Freudenschüsse in den Himmel, während der Brautvater traditionell den Tanz der Männer beginnt, den die Frauen wiegend auf ihren Trommeln begleiten. Auch wenn die blau verhüllten Krieger einen Teil ihrer traditionellen Lebensweise eingebüßt haben, in solchen Momenten sind sie wieder ganz die Herrscher der Sahara. „Die Wüste gehört uns“, rufen sie. „Hier gelten unsere Gesetze.“

„Das Leben der Nomaden ist härter geworden“, sagt Ahmed, als wir uns in unsere warmen Schlafsäcke zurückziehen. „Wasser wird immer knapper.“ Die Wüste breite sich aus, als wollte sie den modernen Nomaden in die Städte folgen. Die Sahara sei längst voll von Tankstellen und Flugplätzen. Doch gegen nichts in der Welt würde er das 1.000-

Sterne-Hotel dieser Nacht eintauschen. Die Freiheit, einfach irgendwo unter freiem Himmel zu schlafen, die gebe es sonst nirgendwo auf der Erde.

Schwatzend und kichernd sitzt er mit den anderen jungen Nomaden noch die ganze Nacht, eingehüllt in die Dunkelheit, froh, dass er sich als Asphalt-Tuareg sein Nomadenleben erhalten kann. In den kühlen Morgenstunden wirkt das Sandmeer um uns herum wie unberührt, so weit das Auge reicht, voller Reinheit und Ruhe.

„Die Sahara ist immer noch ein Ort der Wahrheit und Weisheit", sagt Ahmed in der Früh beim ersten Minztee zu mir. „Leben kann ich in der Wüste zwar nicht mehr, aber ich bin glücklich, wenn ich in ihr manchmal abtauchen kann. Eines Tages will ich hier heiraten. Ich glaube an das alte Tuareg-Sprichwort: Wie viel Wasser auch durch das Flussbett fließt, eines Tages kommt der Mensch an seinen Brunnen zurück."

## Herr Kibala oder der Kampf gegen Windmühlen

Vor ein paar Tagen noch gab es in den kleinen Dörfern in der Bergbauregion rund um Kamituga im Ostkongo Gefechte zwischen der kongolesischen Armee und ruandischen Hutu-Milizen. Doch inzwischen hat sich die Sicherheitslage beruhigt und wir sind mit Vize-Gouverneur Jean-Claude Kibala an Bord eines UN-Hubschraubers auf dem Weg in seine Heimatstadt Kamituga.

Der Sohn einer Kongolesin und eines Belgiers ist in der Bergbaustadt aufgewachsen. Im Rahmen eines Förderprogramms der Bundeswehr ging er 1989 nach Deutschland, studierte und ließ sich als Bauingenieur in Troisdorf bei Bonn nieder. Als es im Sommer 2006 nach Jahrzehnten Diktatur, Krieg und Bürgerkrieg zu den ersten freien Wahlen im Kongo kam, beschloss er, in seine geschundene Heimat zurückzukehren und beim Wiederaufbau zu helfen.

„Ich wollte schon nach einem Tag wieder nach Troisdorf", sagte Jean-Claude Kibala damals bei unserem ersten Dreh völlig abgekämpft zu mir. Doch dann habe er die hungernden Menschen gesehen und ihn habe die Wut über die Korruption gepackt. Er blieb bei der Kandidatur und dem Entschluss, Verantwortung für sein Land übernehmen zu wollen. Seine Familie ließ er vorerst in Deutschland.

Jetzt, drei Jahre später, feiern sie ihn in Kamituga wie einen Befreier. Jahrelang waren die Goldminen der Gegend in der Hand ruandischer Milizen. Nun haben die kongolesischen Goldwäscher ihre Arbeit wieder aufgenommen. Der Bauingenieur und Politiker will sich ein eigenes Bild vom Zustand des Bergwerks machen, dessen Stollen im Krieg arg gelitten haben. Die Gänge müssen neu abgestützt werden, bevor die Männer einfahren können. Doch fehlen der Regierung dazu im Augenblick die Mittel.

„Früher war das eine Minenstadt", erklärt Kibala. „Mehr als 2.000 Menschen haben hier gearbeitet, darunter meine gesamte Familie." Schon als Kind habe er die Kraft und den Reichtum dieser Region gespürt. Deshalb redet er nun auch seinem Onkel zu, den Minenbetrieb wieder aufzunehmen. Der alte Kongolese ist momentan einer der wenigen verbliebenen Männer, der ausreichend Erfahrung für diese Mammutaufgabe hat. Er könnte so den Lebensunterhalt für ein paar Familien sichern, die von der harten Arbeit der Frauen leben. Tag ein Tag aus zerstoßen sie mit Metallstangen das Gestein, in der Hoffnung, einige Krümel Gold darin zu entdecken. Zwei Dollar am Tag wirft diese mühsame Arbeit ab, die die Frauen mit ihren rauen, oft blutigen Händen nur ertragen, weil sie ständig dabei singen und schwatzen.

Als Vize-Gouverneur ist Kibala auch für den Zoll zuständig. Mehrere Millionen Euro gehen der Provinz und dem Staat an der ruandisch-kongolesischen Grenze monatlich durch die Lappen. Da es kaum Kontrollen gibt, passieren Waffen, Gold und Diamanten nahezu ungehindert die Grenze. Wochenlang hatte sich Kibala bei den Zöllnern am Übergang „Sans plaintes“, „ohne Beschwerden“, wie er im Volksmund heißt, eingenistet und den kleinen Grenzverkehr beobachtet. Immer wieder erklärt er seinen Beamten, wie er sich vernünftige Zollkontrollen vorstellt. Selbst Frauen, die täglich ihre schweren Körbe und Säcke über die Grenze schleppen, sollen zukünftig kontrolliert werden. Ungläubig starren sie den „Allemand“, den Deutschen, an, den sie in diesem Moment am liebsten in die Hölle schicken würden. Ihnen ist klar, dass sie sich seinen Anweisungen nicht widersetzen können. Doch sie lassen ihn auflaufen, wo sie können.

„Laut Statistik hat unser Nachbar Ruanda im letzten Jahr mehr Gold exportiert als der Kongo. Da Ruanda aber keine einzige eigene Mine hat, ist vollkommen klar, woher das Gold in Wirklichkeit stammt“, sagt Kibala. „Das sind Einnahmen, mit denen ich gerne Straßen und Krankenhäuser bauen würde.“

Jeder hier habe auf dem „kleinen Dienstweg“ zum mageren Gehalt etwas dazu verdient und seine eigenen Zollabgaben erhoben. Damit müsse nun Schluss sein, meint er. Sobald die kongolesische Regierung das Geld dafür aufbringe, werde er versuchen, hier einen Scanner einzuführen, mit dem die Zollbeamten auch die LKWs durchsuchen können.

„Es ist schwierig, seine Reformen umzusetzen“, sagt ein Zollbeamter zu mir. „Er will unsere Zollbestimmungen verbessern. Aber man merkt, dass er lange in Deutschland gelebt hat.“ Der „Allemand“ eckt an, wenn er von seinen Leuten Pünktlichkeit und Ordnung verlangt. Einige Frauen, die den Grenzposten passiert haben, sind sprachlos. Ihre mit getrockneten Fischen vollgestopften Säcke werden genauestens durchsucht. Solche Kontrollen hätten sie hier noch nie erlebt. Entrüstet zahlen sie ein paar kongolesische Francs Zoll. „Ab jetzt muss jeder Händler, der die Grenze passiert, bezahlen“, beharrt der Vize-Gouverneur.

Kibala lebt gefährlich. Die Korruption ist tief verwurzelt in der kongolesischen Gesellschaft. Nur mit großem Sicherheitsaufgebot kann er sich in seiner Provinz fortbewegen. Seine Sicherheitsbeamten sind zu ständigen Wegbegleitern geworden. Da Kibala als Vize für die Finanzen der Provinz Südkivu zuständig ist, muss er regelmäßig Soldaten vertrösten, die keinen Sold bekommen, und außerdem den Sumpf von Schmuggel und Korruption trockenlegen. Seit seinem Amtsantritt hat sich Kibala Feinde gemacht und mehrere Morddrohungen erhalten.

Aus Angst vergiftet zu werden, muss seine Sekretärin Zady zu Empfängen immer einen Teller, ein Glas und Besteck mitbringen. Im Kongo ist es eine beliebte Methode, politische Gegner mit Gift auszuschalten. Als Zady einmal vergessen hatte, das Fenster in seinem Büro zu schließen, musste sie die Getränke im Kühlschrank wegschütten, da er einen Anschlag vermutete.

Während wir in seinem Büro in der Provinzhauptstadt Bukavo sitzen, haben sich vor dem Gebäude Hunderte vergewaltigter Frauen versammelt. Mit ihren Plakaten sind sie durch die Provinzhauptstadt marschiert.

„Wir sind hungrig. Unsere Männer haben uns verstoßen", steht auf den Schildern, die sie hochhalten. Die Frauen sind Opfer der jüngsten Offensive des Militärs gegen Hutu-Milizen in den Regenwäldern des Ostkongo. Vergewaltigungsopfer auf den Straßen von Bukavu, das hat es noch nie gegeben. Allerdings sind es erst einige Hundert von den Tausenden, die in den Dörfern der Umgebung misshandelt wurden. „Stopp die Gewalt!", fordern sie vom Gouverneur der Provinz.

Nach stundenlangem Warten taucht endlich der Landesfürst auf. Er könne nicht viel tun, versucht Kibalas Chef die Frauen über ein Megaphon zu beschwichtigen. Man müsse die Opfer erst einmal registrieren.

„Wir leiden“, kontert die Sprecherin der Frauen. „Wir sind geschändet und vertrieben worden. Wir brauchen Hilfe, sofort, nicht erst in ein paar Wochen.“

„Wie Raubtiere attackieren sie uns. Es ist ihnen egal, ob wir achtzig sind oder acht“, sagt eine alte Frau und zeigt auf die tiefen Falten in ihrem Gesicht.

Eine 20-jährige Mutter berichtet, dass sie in ihrem Dorf nicht bleiben könne. Mann und Familie wollen nichts mehr von ihr wissen.

„Viele schweigen, um nicht geächtet zu werden“, sagt Nico Buroko, ein kongolesischer Radiojournalist, der mittlerweile Tausende dieser Frauenschicksale dokumentiert hat. Er ist glücklich, dass ihm eine ausländische Kollegin zuhört, denn Journalisten verschlägt es nicht allzu oft nach Bukavu. „Es herrscht strenge Zensur“, sagt er. „Wir dürfen nicht über die militärischen Niederlagen der kongolesischen Armee sprechen und schon gar nicht über die Tatsache, dass Soldaten unserer Armee unsere eigenen Frauen vergewaltigen. Davon wollen die Behörden nichts wissen.“

Kibala gibt uns die Adresse von Espérance Hendwa Ciza. Sie ist die Einzige aus der Verwaltung von Bukavu, die durch die Slums geht und sich um die Frauen kümmert. „Flüchtlingslager will die Stadt nicht zulassen“, sagt sie ohne Umschweife. Trotzdem tauchen immer mehr Frauen im hügeligen Umland von Bukavu unter. Sie kommen aus den Dörfern, weil sie dort mit der Schande nicht leben können. Die warmherzige Espérance weiß, wo sie sind. Sooft sie kann, besucht sie einige der Opfer. „Die Hütten da unten im Tal gab es früher nicht“, erzählt mir Espérance, als wir die steilen Hänge hinunterschlittern. Auch wenn die Stadt dagegen ist, entsteht hier unmerklich ein Lager aus Menschen, die vor dem Krieg geflohen sind, überwiegend Frauen. Mühsam hangeln wir uns hinab. Straßen und Strom gibt es hier nicht.

Es werde immer schwieriger für die Frauen, ein Dach über dem Kopf zu finden, klagt Espérance.

Marenzi Zumuziko, eine dürre, abgekämpfte Frau und Mutter von drei Kindern, hat sich mit letzter Kraft nach Bukavu geschleppt. Draußen in ihrem kleinen Dorf wäre sie um ein Haar verblutet. Bei den jüngsten Kämpfen haben ruandische Milizionäre sie vergewaltigt. „Sie sind immer wieder über mich hergefallen, vor den Augen meines Mannes", vertraut die 42-Jährige Espérance an. Auf der Flucht seien sie noch einmal in die Hände von Milizen gefallen. Die haben ihre Tochter vergewaltigt, ein elfjähriges Mädchen.

„Die Frauen müssen über das Schreckliche reden", meint Espérance Hendwa. „Sie müssen es irgendwie verarbeiten. Sonst gehen sie vor die Hunde."

Sobald Marenzi so weit ist, werde sie versuchen, eine Beschäftigung für sie zufinden. Doch erst müsse sie ihren Lebenswillen wiederfinden, und das könne sie nur allein. Was die Mutter am Leben hält, ist die Sorge um ihre Kinder. Wenn sie ihre Tochter ansieht, muss sie fast jedes Mal weinen. Immer wieder taucht das Bild vor Marenzi auf, wie die Männer sich an ihrer Tochter vergreifen, und sie wünscht sich, es ungeschehen machen zu können. Im Augenblick ist es noch unvorstellbar für sie, damit leben zu können.

„Gewalt gegenüber Frauen ist in den fünfzehn Jahren Krieg zum Alltag geworden", sagt Espérance. „Männer haben gelernt, dass sie sich ungestraft einfach holen können, was sie wollen. Die Hutu-Milizen wollen so unsere Gesellschaft zerstören. Deshalb sind die Frauen in diesem Krieg auch zur Zielscheibe geworden." Einige der vergewaltigten Frauen haben mit Hilfe von Mikrokrediten, die Espérance vermittelt hat, den Neuanfang geschafft. An der Zufahrtstraße zum Slum verkaufen sie an ihren kleinen Ständen Obst und Gemüse. Mit dem mageren Einkommen ernähren sie ihre Familien, denn ihre Männer sind schon seit Jahren arbeitslos. Doch Espérances Jahresbudget von 6.000 Dollar ist nur ein Tropfen auf dem heißen Stein.

Einige Tage nach der Demonstration findet im Regionalparlament von Südkivu erstmals eine Befragung hoher Militärs statt. Jean-Claude Kibala ist überrascht, wie unnachgiebig die Parlamentarier ihren Fragenkatalog durchgehen. Sie lassen nicht locker. Es gibt immer mehr Zweifel an der laufenden Militäroperation gegen die Hutu-Miliz FDLR. „Warum übernachten unsere Soldaten in den Dörfern", will eine Abgeordnete wissen. „Wären sie nicht besser in Kasernen aufgehoben, wenn sie ihre Operation beendet haben?"

General Didier Etumba ist über diese Einmischung sichtlich irritiert. Er beteuert aber, alles zu tun, um die Bevölkerung zu schützen. Doch die Abgeordnete bohrt weiter und stellt unangenehme Fragen. Das sei sie den Frauen schuldig, die mit ihrem Schweigemarsch viel riskiert haben.

Während Etumba nur vertröstet, kann Kibala die Frauen auf das ehemalige Zechenkrankenhaus in Kamituga verweisen, das er mit Hilfe von deutschen Ärzten wieder instand gesetzt hat. Hier können vergewaltigte Frauen behandelt werden und sie müssen sich nicht mehr in die Bezirkshauptstadt begeben. Mittlerweile sehen viele in Südkivu Kibala als den Einzigen, der die Probleme richtig angeht, der sich mutig den Aufgaben stellt. Einer, der gefährlich lebt.

Am nächsten Morgen fahren wir mit Kibala zu den Gorillas. Der Vize-Gouverneur will wissen, wie es um die letzten Familien der Flachlandgorillas im Kahuzi Biega National Park bestellt ist. Ehemalige Wilderer schützen hier als Ranger etwa 130 Flachlandgorillas. Früher sollen es einmal 17.000 Tiere gewesen sein. Der Krieg hat nicht nur Millionen Menschen das Leben gekostet, sondern auch vielen Tieren. Vier Gorilla Großfamilien sind übrig geblieben.

Schwer verhangen ist die Bergkette, als wir frühmorgens mit den Rangern in den Park vordringen. Nur 10 Prozent der riesigen Parkfläche von Kahuzi Biega sind zugänglich. In den anderen 90 Prozent haben sich Wilderer und FDLR-Truppen versteckt. Monatelang verlief eine der Fronten im Kongokrieg mitten durch den Nationalpark. In den entlegenen Winkeln des Urwaldes wird immer noch gekämpft. Das kongolesische Militär hat hier bis heute seine Camps. In einer groß angelegten Offensive versuchen sie nun, die Lager der FDLR auszuheben, doch die, so wird befürchtet, haben sich einfach nur noch tiefer in den Urwald zurückgezogen.

Immer wieder begeben sich die Ranger zum Schutz der Tiere in den Park. Aber in letzter Zeit kommen sie meist zurück, ohne Gorillas gesehen zu haben. Selbst die besten Wilderer finden kein Gorillafleisch mehr. Das könnte bedeuten, dass Tausende Gorillas im Tiefland getötet worden sind.

„Gorillas sind erstaunlich friedlich", erklärt ein Ranger Kibala. Das wird ihnen nun zum Verhängnis und macht sie zur idealen Zielscheibe für Jäger. Die an Menschen gewöhnten Riesen sind für hungrige Soldaten eine besonders einfache Beute. Oft dringen marodierende Verbände in die Rückzugsgebiete der Gorillas ein, um zu jagen, denn die Milizenchefs können ihre Männer gar nicht verpflegen. Außerdem schleppt die vom Bürgerkrieg völlig verarmte und hungernde Bevölkerung das sogenannte „Bushmeat" aus den Wäldern auf die Märkte.

Neben den vier habituierten Gorillafamilien gibt es noch weitere Tiere, die die Ranger an Menschen gewöhnen wollen, sobald die FDLR-Milizen die Wälder verlassen haben und keine Gefahr mehr für die Tiere besteht. In ganz Zentralafrika werde die Tierwelt in zehn bis fünfzehn Jahren ausgelöscht sein und die Menschen werden noch ärmer sein, warnen Tierschutzorganisationen. Kibala will verhindern, dass sich diese düstere Prognose bewahrheitet.

„Wir haben Glück“, meint Ranger Robert Mulimbi, der Leiter unserer kleinen Expedition plötzlich. Schon nach kurzer Zeit hat der Spähtrupp den Silberrücken Tshimanuka und seine Großfamilie am unteren Ende der Gebirgskette gesichtet. Während der schlimmsten Unruhen trauten sich die Ranger wochenlang nicht in den Urwald hinein, nur die Pygmäen – ohnehin die besten Ranger – behielten die Tiere im Blick. Die Ranger hoffen, dass der Park nun endlich für Touristen geöffnet wird. Die ehemaligen Wilderer versprechen sich von der Arbeit mit den Gorillas eine Existenz. Als sie vor Jahren nach schlimmen Kämpfen im Wald völlig überraschend den Silberrücken und seine Familie fanden, nannten sie ihn „Tshimanuka“, was auf Swahili so viel bedeutet wie „Überraschungsgeschenk“.

„Gorillas wissen genau, welche Blätter sie kauen müssen, um sich selbst zu verarzten“, flüstert Robert dem Vize-Gouverneur zu. „Nur so haben sie den Krieg überlebt.“ Wenn sie verletzt sind, essen sie Kräuter, lecken damit ihre Wunden und heilen selbst tiefe Schnittwunden. Den Silberrücken hatten Soldaten mit Pangas übel zugerichtet. Tagelang hatten die Ranger um ihn gebangt. Doch seine Weibchen haben die Wunde mit den richtigen Kräutern versorgt und so überlebte er. Wir folgen Robert immer tiefer ins Reich der Gorillas. Und plötzlich sitzt er vor uns wie ein Buddha: Tshimanuka, der Chef dieser kleinen Sippe, und neben ihm sein ganzer Stolz: Zwillinge. „Beide Babys haben überlebt“, erklärt Robert. „Das kommt nicht oft vor.“ Der Silberrücken futtert gemächlich Bambuswurzeln. Er ist völlig entspannt und lässt uns immer näher kommen.

Robert hat sein ganzes Wissen über die Gorillas von den Pygmäen, die ihre Dörfer früher mitten im National Park hatten. Ihre Eltern und Großeltern haben mit den Tieren noch friedlich zusammengelebt. Erst durch die Milizionäre und Soldaten haben die Gorillas ihr Verhalten verändert, erklärt uns Chibulula Njirandi, der Führer der Pygmäen. „Sie sind ängstlicher geworden und wir mussten mühsam ihr Vertrauen zurückgewinnen."

Der Silberrücken will jetzt seine Ruhe und zieht sich in die Baumkronen zurück. Die Audienz ist beendet. Kibala bedankt sich bei den Rangern und bestärkt sie in ihrer Arbeit.

Auf dem Rückweg nach Bukavu fahren wir an chinesischen Straßenbauarbeitern vorbei. Wenn man den Chinesen die richtigen Auflagen mache, dann bauen sie auch vernünftige Straßen, meint Kibala grinsend. „Sie sind jetzt unsere einzige Chance, die zerstörte Infrastruktur wiederherzustellen", sagt er. Bauingenieur Kibala hat bisher gerade mal drei Kilometer Straße in der Provinzhauptstadt ausbauen können. Mit Geldern, die sonst vermutlich in den Taschen der Beamten gelandet wären. Früher in seiner Kindheit habe es in Bukavu am herrlichen Kivusee viele gute Straßen gegeben, die die belgischen Kolonialherren gebaut hatten. In den Jahrzehnten des Krieges sind sie verkommen.

Doch Kibala wird nicht so schnell aufgeben. In Troisdorf ist er immer mit seinem 15-jährigen Sohn zum Basketball gegangen. Jetzt unterstützt er in Südkivu junge kongolesische Spieler. Von seinem eigenen Geld hat er Beton gekauft und will nun mit ihrer Hilfe die Sportplätze in Bukavu instand setzen. Er will den Sport zur Völkerverständigung nutzen. Jeder kongolesische Spieler habe schlechte Erfahrungen mit Ruandern gemacht, entweder mit ruandischen Soldaten oder mit den FDLR-Milizen. Turniere mit den Nachbarn können vielleicht ein paar Ressentiments aus dem Wege räumen, hofft Kibala. Die Zustimmung ist groß. Die Sportler werden dem „Allemand" bei den Ausbesserungsarbeiten der Sportplätze helfen. Trotz aller Rückschläge, der Vize-Gouverneur kann einige kleine Erfolge verbuchen, mitten im Krisengebiet Ostkongo.

# Vom Highway Gottes ins Land der Scharia

Langsam ziehen Rauchschwaden über die brackig stinkenden Lagunen, die der ehemaligen nigerianischen Hauptstadt Lagos einst den Beinamen „das Venedig Afrikas“ einbrachten. Frühaufsteher brauen vor den Baracken auf Holzpfeilern ihren Morgentee, während im Sonnenaufgang die ersten Boote durch die Wasserstraßen gleiten, vorbei an Abfall, der einen süßfauligen Geruch verbreitet.

„Action“, brüllt Regisseur Adim Williams ungeduldig seiner Filmcrew zu, die das Set notgedrungen mitten in einem Elendsviertel aufbauen musste. Williams will hier schnellstens wieder weg. Dreharbeiten im chaotisch lärmenden Labyrinth der Lagunenstadt sind anstrengend und gefährlich. Zwischen Holzhütten, Altblech und dreckigen Plastikplanen muss das Produktionsteam ständig auf der Hut sein. Doch die Geschichte vom Tellerwäscher zum Millionär, eines der beliebtesten Motive der Traumfabrik Nollywood, führt den Regisseur und seine Crew nun einmal an diesen Ausgangspunkt seines Films.

Der stämmige Charakterdarsteller Kanayo O Kanayo, bekannt durch seine vielen Rollen als Gauner und Zuhälter, spielt einen Ganoven, der mit allen Mitteln aus dem Slum herauswill, so wie all die Slumbewohner, die an diesem Sonntagmorgen ihr Seelenheil in der Kirche suchen.

„Die Filme sind ein Spiegelbild unserer Gesellschaft, die Verpackung für unsere Wünsche, Hoffnungen und Probleme", erklärt der Regisseur. Religion und schneller Reichtum verkaufen sich in der Mega-City Lagos besonders gut. Die Glitzergeschichten aus Nollywood gehören auf dem gesamten afrikanischen Kontinent längst zur Alltagskost. Fast täglich wird irgendwo auf den Straßen von Lagos gedreht, fünfzig Filme und Serienstaffeln pro Woche. Schon während des Drehs warten die Händler auf die neuesten Episoden. „Die Leute geben ihr letztes Geld für unsere Videos aus", meint Adim Williams. „Auch wenn sie dann am Ende des Monats nichts mehr haben. Für unsere Kassetten legen sie immer etwas zur Seite. Sie lieben diese Geschichten."

Im Land der großen Dichter und Erzähler Chinua Achebe, Wole Soyinka und Ken Saro-Wiwa geben sich die Menschen gerne der Illusion hin, Teil einer reichen, aufstrebenden Öl-Nation zu sein, um sich darüber hinwegzutäuschen, dass raffgierige Politiker Gelder der Regierung ungestraft auf ihre Privatkonten transferieren. In der Boomtown Lagos schaffen nur wenige den Sprung nach oben. Die Kluft zwischen Arm und Reich wächst schneller als in jedem anderen afrikanischen Land, die Kriminalitätsrate ist eine der höchsten der Welt. Die Polizei traut sich schon lange nicht mehr in die Bretterstädte. Wer keinen Trost in der Ersatzreligion Fernsehen findet, stürzt sich in die Arme der selbst ernannten Propheten einer der großen Freikirchen an der Schnellstraße nach Ibadan, der sogenannten Autobahn Gottes.

Jeden Sonntag schieben sich überfüllte, mit Jesusbildern bunt bemalte Busse über den „Highway Gottes" nach Ibadan, dass wie ein Krebsgeschwür Richtung Lagos wächst.

Riesige Schilder links und rechts des Highways, die wie Feldzeichen in einem christlichen Kreuzzug gegen die muslimische Übermacht im Land wirken, weisen auf „Prayer Cities" hin, Gebetsstädte, die wie Pilze aus dem Boden geschossen sind. Dazwischen versprechen Werbetafeln den Durchbruch zum Göttlichen, die Erlösung aus Armut und Elend, „The Ultimate Breakthrough".

Beteuerungen, die auch die Lehrerin Taye Kehinde angelockt haben, als sie gesundheitlich am Ende war. Erwartungsvoll zupft die 40-Jährige noch einmal an ihrem schwarzen Kostüm und rückt ihr Kapotthütchen zurecht. Mit ihrem Monatseinkommen von vierzig Euro komme sie in der teuren Stadt Lagos zwar nicht weit, doch für den Sonntag sei das Beste gerade gut genug. Seit sie sich dem Herrn mit ihrer ganzen Seele hingegeben habe, erklärt die Frau beglückt, gebe ihr Gott die Kraft für ihr Leben. Er helfe ihr, Probleme zu bewältigen. Das Gelübde als wiedergeborene Christin sei ein Neuanfang für sie gewesen.

Eine wahre Kakophonie von Gospelklängen schallt uns entgegen. Die Organisten der vielen Kirchen versuchen sich auf ihren Hammondorgeln gegenseitig zu übertönen. Zufrieden lächelnd lenkt mich Taye in ihre Kirche. Ein junger Prediger in wehendem Talar geleitet uns in den schmucklosen 70er-Jahre-Bau, bevor dann Pastor Akinlabi das Wort an die versammelte Gemeinde richtet. Nach und nach steigert sich das eingespielte Duo in eine Gospelshow im Stil amerikanischer Fernsehprediger hinein. Die beiden wissen, wie man Wunder inszeniert.

Anschließend erzählt Taye Kehinde vor allen von ihrer ganz persönlichen Eingebung. „Ich bin sehr krank gewesen", ruft sie. „Die Ärzte sagten, dass sie nichts mehr ausrichten können. Sie hatten mich aufgegeben. Aber dann hat Gott mich geheilt!" Woraufhin alle stöhnen und begeistert Beifall klatschen. Sie habe einfach fest an ihn geglaubt und immer

PRAYER CITY
...WHERE FERVENT PRAYER GOES ON 24 HOURS DAILY.

wieder gebetet. Durch ihre Krankheit sei ihr Glaube stark geworden und nicht mehr ins Wanken geraten. Nickend pflichtet Pastor Akinlabi ihr bei, nimmt feierlich ihre Hände und segnet sie unter lautem Jubel der Gemeinde. Alttestamentarische Gesten, die Akinlabi als Allheilmittel gegen die Dämonen, gegen Armut, Gewalt und Krankheit einsetzt.

In den ersten Reihen der Kirche stimmen sich jetzt junge Nachwuchsmissionare in glänzend blauen Roben für ihren fulminanten Gospelauftritt ein. Doch zuerst ist eine junge Nigerianerin dran. Früher habe sie ihr Geld als Prostituierte verdient, jetzt wolle sie sich nur noch Jesus Christus hingeben, erklärt sie vor der Gemeinde und hebt die Arme flehend zum Himmel. Durch Pastor Akinlabi habe sie den richtigen Weg gefunden. Im Weinberg Gottes müsse sie nun hart arbeiten, um ihr lasterhaftes Leben hinter sich zu lassen. Voller Reue wirft sie sich dem Pastor vor die Füße. All ihre Sorgen und Nöte scheinen plötzlich vergessen. Hier kann jeder aus dem Dreck und Morast in himmlischer Ekstase emporsteigen, nach dem Übernatürlichen greifen. „Geständnisse wie diese festigen euren Glauben“, ruft Pastor Akinlabi in die Menge.

Zwei Mal im Jahr pilgern zwei bis drei Millionen Menschen aus allen Teilen Afrikas nach Lagos. Dann führt Akinlabi in den „Erlösercamps“ Massenbekehrungen durch, in einem Tempo, von dem weiße Missionare nur hätten träumen können.

„Sie haben doch sonst nichts“, sagt er zu mir. „Ich gebe ihnen Halt. In all ihrer Armut verzweifeln die Menschen, wenn es Tag für Tag immer neue Rückschläge gibt und sie keinen anderen Ausweg sehen. Dann kommen sie zu mir in der Hoffnung auf ein Wunder.“

Sogar Kinder im fernen England soll er segnen. Eine alte Nigerianerin macht sich Sorgen um ihre in London lebende Tochter. Akinlabi soll sie schützen vor islamischen Extremisten, die nicht davor zurückschrecken, andere in die Luft zu sprengen.

Pastor Akinlabi ist überzeugt, dass viele Muslime in Nigeria umdenken würden, wenn sie nur ein einziges Mal in seiner Kirche die Macht des Göttlichen verspüren würden. Wunschdenken eines ehrgeizigen Missionars.

„Ein Zehntel Eures Einkommens und der Segen Gottes ist Euch gewiss" – so das Plakat in der Kirche. Selbst die Ärmsten der Armen greifen da in die Tasche, auch die, die nicht wissen, was sie am Abend essen sollen. Für den geschäftstüchtigen Pastor Akinlabi war dies ein erfolgreicher Sonntag.

Rund um die Kirche wird gebaut. Eine autarke Kleinstadt mit Schulen, Geschäften und Banken soll hier entstehen. Die ganze Gemeinde packt mit an. Zufrieden hört sich Akinlabi den Bericht von Pastorin Margret Bankole, der Bauherrin der Gottesstadt, an. In den Hallen, die dort entstehen, werden Tausende dem Gottesdienst folgen können. Die Universität, von der bereits der Rohbau steht, soll zukünftig die Missionare der Kirche ausbilden. „Der weiße Mann hat die christliche Religion nach Afrika gebracht", belehrt uns die korpulente Pastorin. „Aber heute sind es wir Afrikaner, die diese Lehre mit neuem Leben füllen und in die Länder der Weißen nach Amerika, England und auch nach Deutschland zurückbringen. Dort verbreiten wir jetzt das Evangelium." Zufrieden schaut die Pastorin im weißen Gewand auf ihr Werk. Eines Tages will sie solche Gebetsstädte auch im Norden Nigerias errichten. Denn dort müssen Christen zuweilen noch um ihr Leben fürchten. „Wir werden auch ihnen von der Kraft Christi erzählen. Halleluja."

Im Norden, im Land der Scharia, haben die Imame in den Moscheen das Sagen. 2004 hat Saffiya Husseini, eine

Bäuerin, das zu spüren bekommen. Sie war als erste Frau in Schwarzafrika von Scharia-Richtern wegen Ehebruchs zum Tode durch Steinigung verurteilt worden. Das Urteil konnte nur durch massive weltweite Proteste abgewendet werden. Wir wollen wissen, was aus der Frau, deren Leben damals an einem seidenen Faden hing, geworden ist. Die offiziellen Stellen haben versucht, uns von unserem Drehvorhaben abzubringen. Sie erklärten uns, Saffiya habe das Land verlassen und lebe nun im Nachbarland Niger. Niemand wollte an den Fall erinnert werden. Zu viel negative Presse für Nigeria. Also machen wir uns selbst auf die Suche.

Von der Hauptstadt Abuja aus fahren wir mit einem nigerianischen Journalisten in Richtung Norden. Dort hat sie früher in einem winzigen Ort nahe der Grenze gelebt. Mühsam fragen wir uns durch.

„Die Armut ist groß hier", meint unser Begleiter, als wir uns auf holprigen Schotterpisten durch die kleinen Dörfer vortasten. „Die Menschen haben keinen Strom, kein fließendes Wasser und keine Schulen." Für ihn steht fest, dass sein Land zweigeteilt ist. Der Norden profitiere jedenfalls nicht von den Öleinnahmen des Südens. Deshalb sei es nur konsequent gewesen, sich mit Hilfe der alten Gesetze des Islam vom christlichen Teil des Landes abzugrenzen. Mit der Einführung der Scharia sollte hier eigentlich ein religiöser Wohlfahrtsstaat entstehen, als Antwort auf die korrupte Zentralregierung der Christen im Süden. Dennoch habe sich die Situation der Menschen nicht wirklich verbessert, beklagt er.

Nach mehreren Stunden Fahrt haben wir den Heimatort, das kleine Dorf Tinga Tudu, endlich gefunden.

„Eine unschöne Geschichte, an die hier niemand gerne zurückdenkt." Mit diesen Worten begrüßt uns der Dorfchef, als wir uns nach Saffiya Husseini erkundigen, und spricht noch einmal aus, was wir längst überall zu spüren bekommen haben. Der Ruf des Dorfes sei damals in den Dreck gezogen worden. Saffiya sei eine sehr eigenwillige Person.

Doch sie ist noch da. Ihr ältester Sohn soll uns zu ihr bringen. Er führt uns zu einer zierlichen, kleinen Frau, die uns zunächst ihre fünfjährige Tochter Adama vorstellt. Sie galt seinerzeit als Beweis für den Ehebruch der gläubigen Muslimin. Ehe wir uns versehen, ist ein Familienstreit ausgebrochen. Saffiya Husseinis Bruder will nicht, dass wir das Haus der Familie betreten. Er pocht auf seine Stellung als Familienoberhaupt. Selbst nach längeren Diskussionen beharrt der ältere Bruder darauf, dass seine Schwester keine eigenen Gäste empfangen darf. Nachdem auch der Dorfchef und der Journalist aus der Hauptstadt auf ihn eingeredet haben, verlässt er wutschnaubend das Haus.

Entsetzt über die Unhöflichkeit ihres Bruders Fremden gegenüber, bittet uns Saffiya Husseini in den geschützten Innenhof. Sie ist den Tränen nahe und wirkt aufgewühlt. Wieder einmal habe der Bruder ihr grobe Schimpfworte an den Kopf geschmissen, sie ein Flittchen genannt, flüstert sie uns zu und führt uns ins Haus, wo wir unser Gespräch fortsetzen können. Ihr Bruder sei schon immer voller Neid gewesen, deshalb habe er sie damals auch beim Scharia-Gericht angezeigt.

Sie habe nicht einmal das Geld für die Medizin, die ihr alter Vater benötigt, erzählt Saffiya traurig. Dabei schufte sie tagtäglich auf ihrem kleinen Acker. Ihr älterer Bruder, der sich eigentlich um die Familie kümmern müsste, lebe bereits seit Jahren von ihren sehr mageren Einkünften. Er habe mit dem Finger auf sie gezeigt. Seither sei sie eine Außenseiterin im Dorf.

Wir begleiten Saffiya Husseini durch ihren kleinen Heimatort. Die Dorfbewohner sind unerbittlich: Frauen dürfen auf offener Straße nicht mit Fremden reden. Eine alte Händlerin dreht sich demonstrativ von uns weg, als wir vorbeikommen. „Ich würde mir diesen Spaziergang auch von meinem Ehemann nicht verbieten lassen“, sagt Saffiya widerspenstig.

Stolzen Hauptes setzt sie sich über das starre Reglement der Männergesellschaft hinweg. Was sonst keiner im Dorf wagt, die Mutter Courage von Tinga Tudu lässt selbst an Nigerias Politikern kein gutes Haar. „Sie haben uns viel versprochen“, schimpft Saffiya. „Alles sollte mit den Scharia-Gesetzen besser und sozialer werden. Aber wir einfachen Leute leben immer noch in Armut.“

Der Dorfchef allerdings will uns davon überzeugen, dass die Scharia auch für Frauen gut sei. Nach den Gesetzen der Scharia haben die Männer die Pflicht, sich um ihre Frauen zu kümmern, wenn diese gehorsam seien. Ihnen fehle es an nichts, redet der Alte auf uns ein. Dadurch habe man die Prostitution und den Alkoholkonsum im Keim erstickt. Nur Frauen, die sich nicht daran hielten, kämen damit nicht klar, meint er vielsagend.

„In unserem kleinen Dorf herrschen Missgunst und Zwietracht“, klagt Saffiya. Sie zeigt uns ihre Bauruine. Neider im Dorf hatten verhindert, dass ihr Haus von dem Geld, das ihr Menschenrechtsorganisationen gegeben hatten, fertig gebaut wurde. Saffiya wurde boykottiert, alle hielten die Hand auf und ihr ging das Geld aus. Nachbarn und Verwandte waren eifersüchtig. „Sie wollten, dass ich wie eine Ratte dastehe, die kein eigenes Haus hat.“

Obwohl sie ihren Glauben an Allah nie verloren hat, würde sie ihre fünfjährige Tochter Adama am liebsten in eine westlich orientierte Schule schicken. Aber in Tinga Tudu gibt es nur eine Koranschule. Adama soll sich eines Tages ein eigenes Leben aufbauen. Das ist der sehnlichste Wunsch der Mutter. Im Augenblick nimmt sie die Kleine noch mit zur Feldarbeit. Um die Familie zu ernähren, baut die zähe Nigerianerin auf einem kleinen Acker Hirse an und Adama hilft ihr dabei. Ohne ihren Vater hätte sie das alles nicht überstanden, erklärt Saffiya.

Der alte Mann hat schon früh die Willensstärke seiner Tochter erkannt und sie zum heimlichen Familienoberhaupt gemacht, zur Kämpferin im Land der Imame.

Eine Heldin im Land der Scharia, wie man sie in den Nollywood-Produktionen in der fernen Hauptstadt niemals sieht.

## Von der Front an den Start

### Die Olympiade der ehemaligen Kindersoldaten

Ihr Gesang, ein Loblied auf den Neuen Sudan, schallt durch die dornige Halbwüste und eilt ihnen weit voraus. Normalerweise ist in der glühenden Mittagshitze kein Laut zu hören. Im Schatten der wenigen Akazienbäumen sitzen leise murmelnd einige Gestalten. Immer wieder trägt der Wind das Lied der sich nähernden Kinder zusammen mit ein paar Plastikfetzen über den ausgedörrten, rissigen Lehmboden zu uns herüber. Erschöpft marschieren die Nachzügler barfuß und mit staubgepuderten Gesichtern in das Dörfchen Turalei, etwa siebzig Kilometer entfernt von den jahrelang umkämpften Ölfeldern des Südsudan. Mehrere Tage waren sie unterwegs. Früher, als hier noch alles vermint war, wäre dieser Gewaltmarsch viel zu gefährlich gewesen. Während der zweiundzwanzig Kriegsjahre von 1983 bis 2005 verlief durch dieses sandige Niemandsland die Front. Die kleinen Lehmhüttendörfer wurden von den Antonows des militärisch übermächtigen Nordens bombardiert, und ähnlich wie jetzt in Darfur wurden im Südsudan ganze Ortschaften niedergebrannt, die Männer getötet und die Kinder

und Frauen als Sklaven verschleppt. Eine erbitterte Schlacht um Rohöl.

Im improvisierten Olympischen Dorf von Turalei sitzen Tausende freudig lärmender Kinder und Jugendlicher und warten auf die Eröffnung der 10. Twic Olympiade. Als im Jahr 2000 erstmals ein Häufchen junger Athleten zusammentraf, hätte niemand gedacht, dass daraus eine Jugendbewegung entstehen würde, die Kinder aus dem gesamten Südsudan zusammenbringt. Der Gründer der Twic Olympiade, Acuil Banggol, ein ehemaliger Offizier der Sudanesischen Freiheitsfront SPLA und Ex-Basketball-Profi, wollte traumatisierte Kinder an den Sport heranführen und hatte sich mit der Friedensolympiade gezielt in diesen Landstrich zwischen die Truppen des muslimischen Nordens und des christlichen Südens gewagt. Nachdem sein eigener achtjähriger Sohn bei einem Überfall von Murahelin-Reitern in den Norden verschleppt worden war und wie durch ein Wunder zwei Jahre später nach einer abenteuerlichen Flucht wieder zu Hause auftauchte, hatte sich Acuil geschworen, sich fortan für die zahllosen Kriegskinder einzusetzen. Jahr für Jahr versucht er nun, den jungen Athleten klarzumachen, dass man Konflikte auch auf friedlichem Weg lösen kann.

Als ich 2003 zum ersten Mal einen Film über die halbwüchsigen Krieger drehte, waren es gerade einmal zweitausend Jugendliche aus dem Twin County, die in den Disziplinen Leichtathletik, Fußball, Volleyball, Tauziehen und Speerwerfen um Medaillen und Pokale kämpften. Die meisten waren den Regierungstruppen oder der Lumpenarmee der Sudanesischen Befreiungsfront erst nach langer Odyssee entkommen. Von der Front an den Start. Die SPLA hatte sich im Jahr 2000 verpflichtet, die Kinder aus ihrer Armee auszumustern. Den Olympioniken sah man bei den Wettkämpfen auf einer stillgelegten Landepiste für Kampfflugzeuge den militärischen Drill noch an. Die Kriegsfront war nah, keine hundert Kilometer entfernt. Den Organisatoren saß die Angst in den Knochen: Jederzeit konnte sich das Spielfeld in ein Schlachtfeld verwandeln. Bis zum letzten Sonnenstrahl kickten und liefen die Kinder und Jugendlichen damals über das staubige Feld unter der zerrupften Flagge des Neuen Sudan. Der Hunger nach einem normalen Leben stand ihnen in die Gesichter geschrieben. Nur stockend öffneten sich einige von ihnen und redeten über die Bombardements und die Angriffe der Murahelin-Reiter aus dem muslimischen Norden. Manche sprachen zum ersten Mal miteinander über ihre schrecklichen Erlebnisse, vertrauten einander ihre schlimmsten Geheimnisse an und erzählten, wie sie Menschen getötet hatten und als Kinder selbst missbraucht worden waren. In dem kleinen Olympiadorf vergaßen sie zum ersten Mal den Krieg und die Bedrohung, wenigstens für ein paar Stunden.

Mittlerweile ist eine neue Generation nachgewachsen und das Olympische Dorf gleicht mit seinen bis zu 20.000 Teilnehmern einer afrikanischen Kleinstadt.

Organisiert werden die Spiele von Acuils Nachfolger, dem 1980 geborenen Jimmy Deng Makuach. Jimmy gehörte zu den sogenannten „Lost Boys", jenen 12.000 jungen Sudanesen, die 1992 mit einem langen Marsch in die Grenzstadt Kapoeta auf den anhaltenden Krieg und das Los der Flüchtlinge aufmerksam machten. Die Bilder gingen seinerzeit um die Welt. Jimmy war drei Jahre alt, als der Krieg begann. Als seine Eltern 1986 bei einem Überfall auf ihr Dorf ermordet wurden, flohen er und sein älterer Bruder nach Äthiopien. 1992 landeten sie dann schließlich im Flüchtlingslager Kakuma auf der kenianischen Seite der Grenze. Im Jahr 2000 wurde Jimmy Makuach mit 3.500 anderen Lost Boys aus dem überfüllten Lager in die USA umgesie-

delt. Jimmy kam in den US-Staat Tennessee, wo er ein Politikstudium absolvierte. Er gehörte zu den ersten Exil-Sudanesen, die nach dem Friedensvertrag 2005 aus den USA in ihre Heimat zurückkehrten.

„Society and Peacebuilding“ habe jetzt oberste Priorität, sagt der junge Sportdirektor im internationalen Helfer-Jargon und mit einem stark ausgeprägten amerikanischen Südstaaten-Akzent. „Die Gesellschaft und der Frieden müssen aufgebaut werden. Das aber müssen wir selbst machen. Das können wir nicht den Hilfsorganisationen überlassen.“

Die jungen Sportler glauben an die Vision vom neuen Staat und beten für eine bessere Zukunft. In glänzenden Trikots singen sie die Hymne auf ihr Vaterland und beschwören den Südsudan als Mutter ihrer Kultur und als Vaterland, für das sie gekämpft haben.

Doch Jimmy Makuach ist skeptisch. „Die Waffen schweigen zwar“, sagt er, „aber nun tobt ein mentaler Krieg. 95 Prozent der Südsudanesen wollen die Unabhängigkeit und haben das längst für sich entschieden. Die meisten sind bereit, dafür noch einmal in den Krieg zu ziehen.“

Auch Jimmy würde nicht zögern, obwohl er eigentlich gerne in England oder Amerika promovieren würde. „Es sind schon zu viele Menschen für den Traum eines eigenständigen Staates gestorben, als dass wir uns am Ende von den Arabern unterjochen lassen. Jeder Tag, an dem sie unsere Ölfelder weiter anzapfen und das Öl durch die Pipeline direkt nach Khartoum fließt, ohne dass wir am Profit beteiligt sind, ist einer zu viel“, meint er bitter. „Mit dem Geld könnte man im Südsudan Schulen bauen, ohne Entwicklungshilfe aus dem Ausland.“

Die Aussicht auf das Referendum 2011, das über die Eigenständigkeit des Südens entscheiden wird, ist für Jimmy und die meisten Südsudanesen die größte Errungenschaft des Friedensvertrages. An ein friedliches Miteinander glauben sie schon lange nicht mehr. Der Krieg hat das Vertrauen in den Norden unwiderruflich zerstört.

Rund um das kleine Hüttendorf sind Strohquartiere für die Kinder entstanden. Alles andere komme nur schleppend voran im Neuen Sudan, meint Jimmy enttäuscht. Seit Abschluss des Friedensabkommens sei zwar in Dschuba eine künstlich aufgeblasene Hauptstadt des Südens entstanden, in der sich die Hilfsorganisationen tummeln, aber in den kleinen Dörfern habe sich die Lage für das einfache Volk kaum verbessert. In Turalei gebe es noch immer keine Straßen und kaum Krankenhäuser, denn alle würden auf die Abspaltung vom Norden warten.

Doch auch gegenüber der Sudanesischen Befreiungsfront hat Jimmy große Vorbehalte. Jahrelang hatte sein älterer Bruder als Militärarzt gearbeitet und das Lazarett von Kapoeta an der sudanesisch-kenianischen Grenze geleitet, sodass Jimmy schon früh die Sudanesische Befreiungsarmee und das Militär kennenlernte. Doch dann wurde sein älterer Bruder von einem Militärtribunal angeklagt und hingerichtet, weil er sich als überzeugter Mediziner geweigert hatte, angeschossene Kriegsdeserteure verbluten zu lassen. Jimmy verlor jeglichen Glauben an die Befreiungsarmee. Erst mit der Zeit arrangierte er sich mit den Rebellen, weil er in ihnen die einzigen Garanten für einen freien Südsudan sieht.

Die Machtverhältnisse und losen Strukturen innerhalb der Befreiungsarmee kritisiert er bis heute. Der Tod des südsudanesischen Rebellenführers John Garang durch einen bis heute ungeklärten Hubschrauberabsturz habe die SPLA noch mehr geschwächt. Denn John Garang sei der Einzige gewesen, der den Süden geschlossen hinter sich gebracht habe. Wahrscheinlich hätte er auch das Zeug zum ersten schwarzafrikanischen Präsidenten eines geeinten Sudan gehabt. Diese Chance sei durch seinen tragischen Tod ebenso zunichte gemacht worden wie die Hoffnung auf ein vereintes Land. „Wir werden nicht aufhören, gegen das repressive islamische System zu kämpfen, das dem ganzen Sudan übergestülpt werden soll“, meint Jimmy.

Für die vielen jungen Athleten, die sich auf den Spielfeldern und in den Sportstätten versammelt haben, ist die hohe Politik im Augenblick allerdings nebensächlich. Sie trainieren, machen Liegestütze in der sengenden Hitze und bereiten sich auf den nächsten Wettkampf vor.

Eine, die seit Jahren an den Spielen teilnimmt, ist Mary Nyadongayou. Als ich sie 2003 in Turalei zum ersten Mal traf, fiel mir die damals 16-jährige Läuferin gleich ins Auge. Nachdenklich schritt die hochgewachsene, durchtrainierte Sportlerin erhobenen Hauptes durchs Lager, sehr auf ihr Äußeres bedacht. Sie und ihre Freundinnen tauschten Kleider untereinander, da Mary vermeiden wollte, dass man ihr ihre Armut ansah. Wie eine Profisportlerin hatte Mary monatelang zwischen Wasserholen, Maisstampfen und Kinderhüten trainiert. Sie hatte es sich in den Kopf gesetzt, den Hauptpreis der Kinderolympiade, eine motorgetriebene Getreidemühle, in ihr Dorf zu holen. Die Mühle hätte ihr und den Mädchen zu Hause das tägliche stundenlange Maisstampfen erspart.

Bei den Wettkämpfen hatte sie erstmals in ihrem Leben die Möglichkeit, sich mit gleichaltrigen Jungen zu messen. Wie sie wollte auch Mary die Schulbank drücken. Sie wollte Schreiben und Rechnen lernen, doch die Schule war ihr durch die Dorfarbeit und den Krieg verschlossen geblieben. Hier erlebte sie, dass Jungen und Mädchen gleich bewertet wurden.

Mary wirkte oft verschlossen. Sie hatte viel durchgemacht. Ihre Gesichtszüge verhärteten sich, wenn sie von ihren Erlebnissen sprach: vom Verlust ihrer gesamten Familie und von ihrer Verschleppung in den Norden.

Richtig glücklich schien sie nur beim Sport zu sein. Wann immer Mary in ihr rot-graues Trikot schlüpfte, glitt ein Lächeln über ihr Gesicht.

Trotz heftiger Malariaschübe und einem knurrenden Magen, weil den Veranstaltern das Essen ausgegangen war, hatte Mary den 100-Meter-Lauf gewonnen. Ihr unbändiger Wille riss auch die anderen mit. Doch am Ende reichte die Punktezahl ihres Teams aus Akoc nicht für den Gesamtsieg. Bei der 4-mal-400-Meter-Staffel wurde ihr Team vom Gastgeber Turalei geschlagen. Mary brach vor Erschöpfung zusammen, die Getreidemühle blieb in Turalei. Für Mary zerplatzte vorerst der Traum vom etwas angenehmeren Leben.

Der Fußballer Martin Areic war damals beeindruckt von der Sprinterin Mary. Noch nie hatten er und die anderen Jungs ein Mädchen so schnell laufen sehen. Auch er und seine Freunde aus dem kleinen Lehmhüttendorf Aweng, einen Tagesmarsch von Turalei entfernt, sind heute, sechs Jahre nach unserem ersten Besuch, noch immer dabei. Martin wurde 2003 zum Helden, als er mit seiner Mannschaft, darunter viele ehemalige Kindersoldaten, den Fußballwettbewerb gewann. Martin Areic hatte mit einem verstauchten Fuß das entscheidende Tor erzielt.

Für Martin war das der Beginn eines neuen Lebens. Erstmals hatte er ohne Waffen gekämpft. Sport als Triumph über den Krieg, der ihn bereits als Kind heimgesucht hatte.

Nachdem sein Vater und sein Onkel vor seinen Augen von Reiterhorden ermordet worden waren, wurde der damals Achtjährige von der SPLA aufgegriffen, zum Soldaten trainiert und an die Front geschickt. „Ich hätte alles dafür gegeben, wenn ich meine Familie in dem Moment der größten Gefahr hätte schützen können“, erzählt Martin. „Aber ich hatte keine Waffe und das sollte mir nie wieder passieren.“ Acht Jahre verbrachte er in der Armee, aber er bereue es nicht, sagt er heute. „Wenn ich Menschen getötet habe, dann geschah das, um unser Land und mein Volk zu verteidigen.“ Dabei klopft Martin ein paar Jüngeren auf die Schulter und ermahnt sie, alles zu geben.

Den Moment, als ihm Gründervater Acuil Banggol 2003 zu Beginn des Wettkampfs sein blaues Trikot überreichte, werde er nie vergessen. Martin hatte damals sein zerfetztes T-Shirt gegen die Mannschaftskluft eingetauscht und diese während der gesamten Olympiade nicht mehr ausgezogen.

Für das heutige Auftaktspiel spornt er sein Team noch mal richtig an. Einige spielen barfuß, andere tragen Markenschuhe aus westlichen Kleiderspenden. „Yes, we can“, rufen sie, um sich auf das Match einzustimmen. Barack Obamas Wahlkampfslogan wirkt in dieser staubigen Einöde etwas grotesk, doch für die jungen Sportler ist der amerikanische Präsident, der hervorragend Basketball spielt, ein Idol.

Zahlreiche Exil-Sudanesen, die in den Vereinigten Staaten leben, haben sogar Wahlkampf für ihn gemacht. Auch Jimmy Makuach verehrt Obama und setzt wie sein großes

Vorbild auf die Macht des Internets. Um der Exilgemeinde von den Ereignissen in der fernen Heimat zu berichten, stellt er jedes Jahr Clips mit den sportlichen Höhepunkten der Olympiade ins Netz. „Nur über die elektronischen Medien wird unsere Gesellschaft den Anschluss an die moderne Welt schaffen", sagt er. „Uns, die wir in den Vereinigten Staaten, in England und Australien Stipendien erhalten haben, kommt nun eine besondere Rolle zu. Der Krieg hat diese Gegend in eine steinzeitliche Wüste verwandelt, ohne Straßen und Geschäfte, ohne Industrie und Schulen. Wir müssen unser Land – und damit meine ich den Süden – ins High-Tech-Zeitalter bringen."

Gründervater Acuil Banggol strahlt Jimmy bei diesen Worten an. Der Hüne von 2,10 m ist glücklich, wenn er alle hier versammelt sieht. Zufrieden trifft er letzte Absprachen mit seinem Nachfolger. Acuil ist erleichtert, dass er die jüngere Generation für sein Werk begeistern konnte. Er selbst hält noch als Chefkoordinator in der Provinzhauptstadt Dschuba die Fäden in der Hand und sorgt dafür, dass dort Schulen und Sporteinrichtungen gebaut werden. Sport bei 40 bis 45 Grad. Acuil ist klar, dass er den Teilnehmern viel abverlangt. Es ist tatsächlich ein Wunder, dass die Fußsohlen der Kinder die Strecken auf dem steinharten, ausgedörrten Boden überhaupt überstehen. Doch Acuil will sie stark machen. Nur eine junge, selbstbewusste Generation von Südsudanesen werde dem übermächtigen Norden die Stirn bieten können, meint er. Er selbst hat den Sprung vom Soldaten der Sudanesischen Befreiungsfront zum Profisportler geschafft. Ehre statt Gewehre wurde zu seinem Lebensmotto. Jahrelang trat er international als Basketballspieler für sein Land an und konzentriert heute seine ganze Energie auf die jährliche Olympiade.

Bei unserem Besuch 2003 hatte ein Junge bei einem Fußballspiel eine Prügelei angefangen. Er wollte die Entscheidung des Schiedsrichters nicht akzeptieren. Acuil schlichtete den Vorfall, indem er nach alter afrikanischer Tradition ein Dorfgericht einberief. Schiedsrichter, Sportler und Dorfälteste vermittelten, während Medizinmänner in Leopardenfellen die Kontrahenten segneten, bevor der Konflikt weiter eskalierte.

„Jahrzehntelang haben sich die verschiedenen Orte und Stämme bekämpft. Durch die Olympischen Spiele sind zwischen Kindern aus den unterschiedlichen Regionen Freundschaften entstanden", erzählt Acuil heute. „Im Olympischen Dorf haben sie viel übereinander erfahren, voneinander gelernt und ihnen ist klar geworden, dass wir einen gemeinsamen Feind haben, gegen den wir lieber zusammenhalten sollten. Die entwurzelten Kinder des Südsudan müssen ihre eigene Kultur erst neu kennenlernen. Nur so können sie wieder ein normales Leben führen."

Mary brauchte damals lange, um die bittere Niederlage ihres Dorfes zu akzeptieren. Am Ende aber begriff sie, dass es um viel mehr ging. Sie hatte bei der Twic Olympiade 2003 den Mut gefasst, über ihre Kriegserlebnisse zu sprechen, und die Gewissheit, dass auch andere Kinder und Jugendliche dasselbe Schicksal teilten, hatte ihr Sicherheit gegeben. Heute ermutigt die inzwischen 23-Jährige andere zum Reden, indem sie von ihren eigenen Erlebnissen berichtet.

„Ein bewaffneter Reitertrupp hatte uns angegriffen, weil wir in unserem Dorf viele Rinder hatten", erzählt Mary den Jüngeren, die sie gebannt anschauen. „Dann haben sie das Vieh zusammengetrieben und blindlings auf uns geschossen. Einige konnten fliehen, doch ich war noch zu klein und habe mich nicht getraut. So haben sie mich verschleppt und von meinen Eltern getrennt. Ich habe sie nie wieder gesehen." Als Mary Jahre später endlich den Regierungstruppen entkommen konnte, sprintete sie so schnell, dass sie selbst den Reitern, die man ihr hinterhergeschickt hatte, entkam. Lange habe sie sich wie eine Getriebene gefühlt, immer auf der Suche nach ihren Eltern.

Der Sport hat ihr Halt gegeben. Als Botschafterin der Twic Olympiade hat Mary eine Aufgabe im Leben gefunden. Umlagert von den Mädchen aus ihrem Heimatort Akoc gibt sie letzte strategische Tipps für das bevorstehende Volleyballspiel.

Martin war 19, als er im Jahr 2005 eingeschult wurde. Das Durchschnittsalter in Martins Klasse war einundzwanzig Jahre. Monatelang, erzählt er uns, habe er mit anderen ehemaligen Kindersoldaten unter einem Baum gesessen, unter dem früher traditionell der Nomadenrat tagte. Aber das Lernen sei ihm schwergefallen. Die ersten Schultage seien die schwierigsten seines Lebens gewesen.

Anfangs hatte Martin noch davon geträumt, eines Tages als Anwalt für Gerechtigkeit in seinem Land zu kämpfen und für eine faire Aufteilung der Rohstoffe zwischen dem muslimischen Norden und dem christlichen Süden zu sorgen. Doch dann musste er einsehen, dass er die verlorenen Jahre nie aufholen würde. Er besann sich auf seine ureigensten Fähigkeiten und wurde Trainer seines Teams aus Aweng. Jedes Jahr begleitet er seither die neue Generation Sportler zur Olympiade. Auch er hat seither oft über sein Schicksal gesprochen und jedes Mal werde es einfacher, meint er.

# Wut im Bauch

## Im Land der Aufrechten

„Das Leben ist hart – das Leben ist teuer", singen die beiden jungen Rapper, die in einem kleinen Studio am Stadtrand von Ouagadougou an ihrem Song feilen. Mit ihrer CD wollen sie die schwelende Lebensmittelkrise in die Talkshows der Sender bringen. „Eure Preise erdrücken uns. Was sollen wir nur essen? Ihr treibt uns in den Abgrund." Bei Protestkundgebungen singt ein Chor von Tausenden diesen Refrain. Das Lied ist längst zur Hymne einer ständig wachsenden Protestbewegung „contre la vie chère", „gegen das teure Leben" geworden. Es vereint alle: Arbeiter und Arbeitslose, Schüler und Lehrer. Tagelang hat ein Heer Streikender den Verkehr in der Hauptstadt des kleinen Wüstenstaates lahm gelegt. Laut scheppernd zogen sie gegen den Hunger durch die Straßen und schlugen fordernd mit Holzlöffeln auf leere Kochtöpfe und Teller. Die Bilder mit den leeren Töpfen, die nach Essen schreien, gingen um die Welt und wurden zum Sinnbild einer Lebensmittelkrise, die die Menschen in ganz Westafrika auf die Straße treibt. Selbst kenianische Slumbewohner sahen staunend in ihren Abendnachrichten, dass der Notstand in Burkina Faso augenscheinlich auch die Mittel-

klasse erreicht hat und eine Bewegung entstanden ist, die weit über die Unterschicht hinausgeht.

Gewerkschaftsführer Mathias Liliou ist nach den Protesten ins Studio gekommen, um die beiden Musiker dazu zu drängen, mit ihrem Song auch bei Gewerkschaftsveranstaltungen aufzutreten. Als einer der Hauptakteure der neuen Bewegung will er mit Hilfe der Rapper die Jugend für den Kampf gegen die hohen Lebenshaltungskosten gewinnen. „Wir sind Opfer von Spekulanten geworden", klagt er. „Eine Handvoll Geschäftsleute profitiert von unserer Abhängigkeit von importierten Lebensmitteln und die Regierung ist unfähig, diese Preistreiberei aufzuhalten." Besonders hart trifft die Bevölkerung Burkina Fasos der Reispreis.

„Unsere Großeltern haben von afrikanischer Hirse gelebt", erzählt Rapper Ibrahim. „Wir Jungen ernähren uns von Reis, weil wir glauben, dass das fortschrittlicher ist. Aber wir pflanzen nicht genug an, müssen ihn einführen und importierter Reis ist teuer. Wir sind in eine Preisfalle geraten." Darüber reden die jungen Musiker bei ihren Auftritten. „Wir müssen umdenken", so ihr Appell.

Die beiden sind die Speerspitze einer neuen Generation. Auf dem Land entlädt sich die Wut arbeitsloser Jugendlicher mit Molotowcocktails. Sie setzen Tankstellen in Brand und errichten mit brennenden Reifen Straßensperren. Die Jugend lehnt sich gegen eine Regierung auf, die ihre Interessen nicht vertritt, und ist somit zur treibenden Kraft in der Gesellschaft geworden.

Wir fahren mit Mathias in seinem alten Renault in die Autowerkstatt. Obwohl die Automechaniker gerade gut zu tun haben, klagen auch sie. Manchmal wüssten sie nicht, wo sie das Geld zum Essen hernehmen sollen, meint einer der Jungs, der 18-jährige Tiendre Noussa. Sein Motorrad habe er schon seit Wochen zu Hause stehen. Er könne sich bei den hohen Benzinpreisen keine Tankfüllung mehr leisten. Also laufe er zur Arbeit. Und sofort ist eine heftige Diskussion im Gange. „Wir sind wie in einem Hamsterrad, weil wir uns einfach nicht selbst versorgen“, erklärt der Vorarbeiter Aly Sankara, der stolz darauf ist, ein Namensvetter des verstorbenen ehemaligen Präsidenten Thomas Sankara zu sein. „Früher hatten wir alle unsere kleinen Gärten und sind über die Runden gekommen.“ Die Burkinabe-Bauern sollten statt Baumwolle mehr Gemüse anpflanzen, darüber sind sie sich einig. Die Baumwolle mache sie arm. Seit die Preise auf dem Weltmarkt gefallen sind, bringe das wichtigste Exportgut Burkina Fasos längst nicht mehr so viel Geld wie noch vor ein paar Jahren.

Einige der Mechaniker übernachten neuerdings sogar in der Werkstatt, da sie auch die Miete nicht mehr aufbringen können. Vor allem die Jüngeren unter ihnen haben Angst, ihre Jobs zu verlieren, da die ersten kleineren Betriebe Mitarbeiter entlassen haben. „Wir fordern seit Jahren neue Arbeitsplätze von der Regierung“, empört sich Mathias. „Stattdessen wächst unser Schuldenberg bei der Weltbank und wir werden immer abhängiger, weil wir als armer Saharastaat unsere Schulden nicht begleichen können.“

Selbst Mathias kann sich mit seinem Gewerkschaftsgehalt von 400 Euro nicht mehr alles leisten. Eigentlich müsste er Geld fürs Alter zurücklegen, doch seit die Preise in die Höhe geschnellt sind, kann er sich mit seinem Gehalt gerade so über Wasser halten.

Mathias will uns den Kreislauf der Preistreiberei zeigen und fährt mit uns zu seinem Reisverkäufer, bei dem er schon seit Jahren einkauft. Doch der ist alles andere als gesprächig. Der 50-Kilo-Sack Reis kostete bei ihm im letzten Jahr noch 13.700 CFA, also etwa 20 Euro. Anfang 2008 ist der Preis auf 20.000 CFA, etwa 30 Euro, gestiegen, obwohl die Regierung die Einfuhrzölle auf Reis senkte, streckenweise sogar aussetzte. Der Händler ist verärgert, als ihn Mathias damit konfrontiert. „Wovor hast du Angst?“, will Mathias wissen und wird von dem indischen Geschäftsmann grob aus dem Geschäft geschoben.

„Die Händler befürchten“, erklärt uns Mathias, „dass wir sie als die Buhmänner der Nation hinstellen. Sie haben ihre Preise angehoben, auch nachdem die Regierung ihnen mit den Einfuhrzöllen entgegenkam. Sie nutzen die Situation schamlos aus. Sie schlagen Profit aus unserer Not.“

Auf dem Wochenmarkt in der Innenstadt von Ouagadougou will uns Mathias weitere Orientierung geben. Früher hat er hier in seiner Mittagspause eingekauft. Jetzt fahren nur noch elegant gekleidete Haushaltshilfen von Ministern auf ihren japanischen Motorrollern vor und kaufen riesige Tüten Obst und Gemüse. Dem Gewerkschaftsführer ist es bei den korpulenten Marktfrauen in ihren farbenfrohen Gewändern mittlerweile zu teuer. „Nur reiche Weiße oder Regierungsbeamte sind bereit, drei Euro für einen Kopf Salat zu bezahlen. Das ist doch Wahnsinn“, seufzt er. Es sei das Ende der Trockenzeit, erwidert die Marktfrau trotzig. Sie bekämen kaum noch Nachschub an Gemüse und Obst und müssten selbst zu überhöhten Preisen einkaufen. „Immer mehr Menschen in Burkina Faso bleiben auf der Strecke“, meint Mathias.

Wir fahren quer durch die Stadt zur großen Moschee. Selbst an den Nebenausgängen wartet nach dem Freitagsgebet schon eine Traube bettelnder Kinder mit Plastikeimerchen um den Hals. In den wenigen Minuten, in denen sich die gläubigen Muslime vor dem Gebetshaus unterhalten, müssen die Kinder so viel Essen wie möglich ergattern. Sobald ein Muslim unter seiner Robe etwas Essen hervorkramt, drängen sich gleich mehrere Kinder um ihn herum. Für viele sind diese Brot- oder Hirsereste die einzige Mahlzeit in der ganzen Woche. „Ihre Eltern haben sie geschickt“, meint Mathias. „Sie wissen genau, dass Muslime angehalten sind, nach dem großen Wochengebet den Armen zu helfen. Von Woche zu Woche werden es mehr."

„Hier haben wir die besten Chancen, etwas zu essen zu kriegen", sagt der 12-jährige Salif fachmännisch. „Freitags sind die Muslime besonders großzügig. Da müssen sie ein Opfer bringen. Manchmal geben sie uns Geld, aber meistens etwas zu essen."

„Wir müssen sie abfangen, wenn sie die Moschee verlassen", wetteifert einer der älteren Jungen grinsend, „dann haben sie gerade geschworen, den Armen zu helfen. Und wenn wir dann vor ihnen stehen, haben sie Mitleid." Gierig isst der spindeldürre Junge mit den Fingern aus seinem Blechnapf. Eine Frau, die direkt neben dem Gotteshaus einen kleinen Laden betreibt, verteilt Hirse und Milch an die Kinder.

Wir folgen dem Renault von Mathias zu einem landwirtschaftlichen Frauenkollektiv im Norden von Ouagadougou. Aus der gesamten Umgebung strömen die Bäuerinnen zu einem großen Mangobaum, um den Gewerkschafter zu hören. Mitte der 80er-Jahre soll hier der große Revolutionär und fünfte Präsident Burkina Fasos, Thomas Sankara, flammende Reden über die Befreiung Afrikas durch wirtschaftliche Entwicklung gehalten haben. Hier ließ er seine Bewässerungsanlagen als Grundstock der grünen Revolution bauen. Nachfolgende Regierungen ließen sie verkommen. Mit einer sogenannten grünen Mauer wollte der Che Guevara Afrikas die Ausbreitung der Wüste stoppen und so gegen Hunger und Armut vorgehen. Die Präsidentenlimousinen tauschte er gegen einen Renault 5 und begeisterte das Volk, das auf knatternden Motorrädern durch die Hauptstadt rast, mit seiner Vorliebe für Motorroller.

Mathias erinnert in seiner Ansprache an die Leistungen des großen Vordenkers, zu denen auch die Emanzipation der Frau gehört habe, und erntet stürmischen Beifall von den Bäuerinnen. Doch dann prasseln die Beschwerden der Frauen auf den Gewerkschafter ein. Die Bäuerinnen sind ratlos. Die Ernte sei in diesem Jahr besonders schlecht. Und der Regen sei auch ausgeblieben. Eingekeilt zwischen den verärgerten Frauen, verspricht der Städter Druck auf die Regierung auszuüben.

„Wir könnten viel mehr produzieren, wenn wir wie damals unter Sankara ein vernünftiges Bewässerungssystem hätten", beschwert sich Rasmata Nacoulma, die Vorsitzende des Bauernverbandes. „Die Regierung müsste uns mit Wasserpumpen ausrüsten." Ohne Bewässerungsanlagen müssen die Frauen ihr Gemüse mühsam per Hand gießen und spät, bevor es dunkel wird, kilometerweit nach Hause laufen. Die Bäuerinnen leben mit ihren Erzeugnissen von der Hand in den Mund. Rücklagen haben sie keine.

„Auch wenn seine Neider versucht haben, das Werk von Sankara zu zerstören, wir werden ihn nie vergessen", sagt Rasmata. „Er hat uns unsere Würde gegeben." Kurz nach seinem Amtsantritt gab Thomas Sankara dem damaligen Obervolta den Namen Burkina Faso, „Land der Aufrechten". Auch die Nationalhymne, die aus Sankaras Feder stammt, macht diesen Kampfgeist deutlich. Kurz vor seinem Tod soll er gesagt haben, dass man Revolutionäre zwar umbringen kann, nicht aber Ideen. Sie leben weiter, auch wenn sie eine Zeit lang in Vergessenheit geraten.

## Dem Himmel so nah

### Eine Reise in das christliche Hochland Äthiopiens

Man könnte glauben, Gott persönlich habe ihn vor den Palast der Königin von Saba in Aksum gesetzt. In seiner Uniform wirkt Berhane Wahid wie ein äthiopischer Kaiser, der dort schon seit einer Ewigkeit ausharrt. Der graue Stoff seiner Jacke ist ausgeblichen. Am Revers steckt ein Orden, der sich bei näherer Betrachtung als Jesusbutton entpuppt. „Ich bin ein Wächter Gottes“, meint der hagere, betagte Herr und führt uns selbstbewusst durch die Ruine.

In den klammen Kellergewölben murmelt er andächtig ein Gebet in der alten äthiopischen Kirchensprache Ge’ez. Er ist einer der wenigen Menschen, die die Schriftzeichen auf den alten Steinblöcken deuten können. Aus diesen Texten gehe hervor, dass die Christianisierung Afrikas im ersten Jahrhundert begann, erklärt Berhane stolz. Das sollten wir „farenji“, wir Fremden, mit unserer Kamera der Welt da draußen ruhig zeigen. Das Königreich von Aksum habe in seiner Blütezeit vom Sudan bis zum Jemen gereicht.

Geblieben sind von diesem ersten Christenreich in Afrika nur die Schätze im unzugänglichen Hochland Äthiopiens. Seit zwanzig Jahren wacht der vornehme Alte über die histo-

rischen Funde seiner Heimatstadt Aksum, in der früher die äthiopischen Kaiser gekrönt wurden. Sein ganzes Leben hat er dem Glauben gewidmet.

Muslime gerieten hier oben in den Bergen immer wieder mit Christen in Konflikt, erklärt mir Berhane. „Wir müssen unser Erbe schützen, vor allem vor diesen Extremisten da drüben hinter den Bergen." Er deutet in Richtung Somalia. Beim diesjährigen Timkat-Fest werde er um Schutz bitten, sagt er und führt uns tiefer hinein in die unterirdischen Gänge des Palastes. Im Kerzenlicht zeigt er uns das in Stein gehauene erste christliche Kreuz auf dem afrikanischen Kontinent. „Hier liegt die Wurzel des Christentums", flüstert Berhane und bleibt nachdenklich stehen. „Im 7. Jahrhundert brachte der Islam das mächtige Reich von Aksum zwar zu Fall, aber der Kern der frühchristlichen Hochkultur ist uns geblieben."

Auch die geheimnisvollen Stelen am anderen Ende von Aksum sind das Vermächtnis einer reichen Vergangenheit. Für Berhane bleiben sie ein Rätsel. Wie sind diese gigantischen Stelen vom Steinbruch hierherbefördert worden? Und wie wurden sie aufgerichtet? Vielleicht werden nachfolgende Generationen das Geheimnis der antiken Grabmäler lüften.

Heute küssen sich hier Hochzeitspärchen in aller Öffentlichkeit. Berhane ist froh darüber, dass die jüngere Generation die steinernen Giganten immer häufiger als Kulisse für ihre Feste und Videofilme nutzt. So verkommen die Monumente wenigstens nicht zu Museumsstücken. „Hier ist man bei Gott", meint Berhane.

Auch wenn der Glanz des ersten mächtigen Königreichs Afrikas längst verblasst ist, übrig geblieben ist eine biblische Kulisse. Eine Welt voller Symbole, die die orthodoxen Christen mit ihren Ritualen lebendig halten. Berhane hat im 20. Jahrhundert Kaiserreich und Kommunismus kommen und gehen sehen. Seinem Reich konnten sie wenig anhaben. „Die christlichen Kulturen des Südsudan und Nordafrikas sind durch den Ansturm des Islam untergegangen. Nur wir orthodoxe Christen in Äthiopien haben standgehalten", sagt Berhane, „weil unser Glaube stark ist und weil wir uns auch jetzt nicht in diesen weltweiten Kampf zwischen Christen und Moslems hineinziehen lassen."

Wir machen uns auf nach Lalibela, hoch oben in den Lasta Bergen, 250 Kilometer südlich von Aksum. Dort befinden sich die aus dem Stein gemeißelten einzigartigen Felsenkirchen. Wir fliegen über eine unwirtliche felsige Gegend. 3.000 Meter hoch ragen die Berge hier in den Himmel. Nur wenige Menschen scheint es in diese Region verschlagen zu haben. Unter uns liegen ärmliche Behausungen und versprengte Hütten, und dann sehen wir plötzlich das eindrucksvolle Kreuz in den Felsen, den Grundriss der St.-Georgs-Kirche, als ob die orthodoxen Christen mit dieser aus einem roten Lavablock gehauenen Kirche den Lasta Bergen ihren Stempel aufdrücken wollten.

„Keine Macht auf Erden hätte ein solch perfektes Gotteshaus schaffen können", erklärt uns Pater Assefa, mit dem wir dort verabredet sind. „Die Engel haben mitgeholfen. Nachts haben sie die Meißel der Steinmetze genommen und weitergearbeitet." Strahlend führt uns der Pater den Hang hinunter und wir schauen staunend auf das architektonische Wunder, das König Lalibela und 40.000 Steinmetze vor 800 Jahren geschaffen haben sollen. 23 Jahre habe es gedauert, das „Achte Weltwunder" den Felsen abzuringen, begeistert sich Pater Assefa. „Auch wenn das mittelalterliche Reich von Lalibela untergegangen ist, die Kirchen und der Glaube sind uns geblieben. Aber warum erzähle ich euch das", meint er, „ihr müsst die Kraft, die von diesem Wunderwerk ausgeht, schon selbst spüren."

Wir tauchen ab in ein Labyrinth aus Gängen, die die elf Gotteshäuser miteinander verbinden. Pater Assefa kennt die Tunnel zwischen den Kirchen wie seine Westentasche. Wir folgen seiner wehenden, schwarzen Kutte vorbei an Krypten und geheimen Schatzkammern ins Innere der Felsen.

In ein paar Stunden wird in dieser Enge kein Durchkommen mehr sein. Dann werden die Geistlichen aller Kirchen durch die unterirdischen Gänge zur Prozession eilen. Jetzt begegnen wir nur ein paar Bettlern und Betenden, die gesegnet werden wollen. Timkat, die Taufe Jesu, steht bevor, der höchste Feiertag der Äthiopier.

Er sei damals aus allen Wolken gefallen, als er vor 35 Jahren vom obersten Patriarchen der Orthodoxen Christen in die St.-Georgs-Kirche berufen wurde. „Ich war gerade erst achtzehn“, erzählt uns Kes Wodaynew Assefa. „Ich hatte plötzlich eine Aufgabe.“ Der Pater verbringt oft ganze Tage ohne Essen in der kühlen Stille seines Gotteshauses. „Hier oben ist man dem Himmel so nah. Wer das einmal erlebt hat, trägt dieses Gefühl ein Leben lang in sich“, schwärmt er. Für ihn ist die St.-Georgs-Kirche die schönste Kirche auf Erden und für seine Landsleute ist Lalibela das zweite Jerusalem. Tausende sind in der letzten Nacht in die rauen Berge gepilgert. Eine Wallfahrt zu diesem heiligen Ort ist für viele Äthiopier das Lebensziel. Manche, zumeist Alte und Gebrechliche, hat die Pilgerreise für immer in die Gebirgshöhen verschlagen. Sie fristen ihr Dasein als Bettler und hausen als Einsiedler zurückgezogen in Höhlen. Pater Assefa segnet eine Frau, die vor ihm auf die Knie gefallen ist. Die nächsten Stunden wird er meditieren, um sich auf den heutigen Festakt vorzubereiten.

Im Nachbardorf Woukro lässt Sheik Aden, einer der besten Weber im Land, seine Baumwollschals und Roben für das Timkat-Fest verpacken. Die Weberei ist in Äthiopien fast ausschließlich in der Hand von Muslimen. „Wenn es um Handel geht, spielt die Religion keine Rolle“, meint der rüstige alte Herr verschmitzt, ohne mit der Arbeit an seinem traditionellen Webrahmen innezuhalten. Seine Tücher sind besonders dicht gewebt. Deshalb sind sie bei den Christen so begehrt. Sie halten warm, auch in der äthiopischen Hochebene, wo es nachts oft sehr kalt wird. Die Tücher der muslimischen Hochland-Weber sind selbst auf den Märkten der Hauptstadt Addis Abeba bekannt.

Sheik Aden ist das religiöse Oberhaupt der kleinen muslimischen Gemeinde Woukro mitten in dieser christlichen Enklave. In der Moschee predigt der 60-Jährige Toleranz, gerade jetzt, wo die Christen Timkat feiern werden. Seit im muslimischen Nachbarland Somalia äthiopische Soldaten zum Schutz der Übergangsregierung gegen muslimische Extremisten einmarschierten, sind die Beziehungen zwischen Christen und Muslimen auch in Äthiopien wieder etwas angespannt. Die äthiopischen Soldaten werden von den Somali nicht als Friedenstruppen angesehen. Der Einmarsch der christlichen Soldaten in ein muslimisches Land ruft sowohl den militanten Islam wie christliche Fundamentalisten auf den Plan. In Woukro setzt man zwar noch auf friedliche Koexistenz, doch unweit von hier kam es schon zu Gewaltausbrüchen zwischen Anhängern der beiden Religionen. Alle hoffen, dass die vermeintliche Friedensmission im Nachbarland nicht zum Glaubenskrieg ausartet. Es wäre nicht das erste Mal.

„Das Verhältnis zwischen Christen und Muslimen ist eine Gratwanderung“, meint der Imam. „Unsere Vorfahren, die ersten Muslime, die nach Äthiopien kamen, haben hier im Jahr 615 Schutz gefunden. Sie wurden von den Christen aufgenommen. Äthiopien galt als das Land der Gerechtigkeit und Sanftmut. Als die Muslime dann jedoch eine Moschee in Aksum bauen wollten, haben es die Christen nicht zugelassen. Also haben wir uns arrangiert“, erklärt der Islamgelehrte. „Dieses Gleichgewicht gilt es zu bewahren. Ich hoffe, dass sich die nächsten Generationen nicht noch weiter voneinander wegbewegen werden.“ Der Islam wurde überwiegend von Händlern und Gelehrten ins Hochland nach Äthiopien gebracht. Im Moment gewinnt der Islam an Bedeutung. Angeblich ist mittlerweile fast die Hälfte der Bevölkerung in dem als christlich geltenden Land muslimisch.

In Lalibela ziehen die ersten Gläubigen los. Pater Assefa verlässt die Grotte der St.-Georgs-Kirche, umgeben von einer Traube jüngerer Priester mit bunt schimmernden Schirmen. In ihrer Mitte führen sie eine in roten Brokat gehüllte Tabot-Tafel, eine Nachbildung der Gesetzestafel mit den Zehn Geboten Moses, die von den äthiopisch-orthodoxen Christen besonders verehrt wird.

Die Menschen klatschen begeistert. Drei Tage lang werden sie ihren Glauben in einem Ritual zelebrieren, bei dem sie die Vereinigung mit Gott suchen. Wie Ameisen kommen Priester und Nonnen aus den Bergen hervor. Andere Pilger eilen zu Fuß oder auf Eseln aus ihren Dörfern herbei. Wie eine funkelnde Schlange schiebt sich die Menschenmenge zum Rhythmus der hallenden Trommeln über die Hügel. Die bunt bestickten Schirme sollen den Himmel darstellen mit Sonne, Mond und Sternen. Allen voran schreitet Pater Assefa mit dem Kreuz von Lalibela. Hinter ihm Priesteranwärter in langen weißen Gewändern und mit lauten Tröten, die den ganzen Tag nicht verstummen werden. Betend und singend verfallen sie in Trance.

In dem kleinen Ort Lalibela treffen die Züge aus allen Felsenkirchen aufeinander. Der Strom der Gläubigen wird immer größer, der Klang der Trommeln und Tröten mächtiger. Bald schallt der Gesang der Betenden durchs ganze Hochland. Priester und Gläubige vergessen sich im Tanz,

verschmelzen mit dem Göttlichen. Religion sinnlich erleben. Das Christentum als innerer Weg, den alle gemeinsam beschreiten. Die Prozession wird zur Zeitreise in die Welt des antiken Christentums, als Mensch und Gott sich noch ganz nah waren. Immer wieder hält der prächtige Zug zum Tanz inne, bis er endlich den Bergkamm erklommen hat. Geschafft! Der Zug ist mit seiner kostbaren Fracht, den Gebotstafeln, am Ziel.

Auf einem Feld ist ein Zelt aufgebaut worden, das vom Patriarchen höchstpersönlich inspiziert wird. Hier werden die Tabots die Nacht über bleiben, bewacht von Pilgern, die in Zelten und unter freiem Himmel kampieren. Um diese Nacht ohne Schlaf durchzuhalten, plaudern sie stundenlang miteinander und reichen zuweilen die eigens dafür gebackenen Injera, traditionelles äthiopisches Fladenbrot, herum.

„Viele von uns sind zwar bettelarm", sagt eine Frau, „aber unser Glaube ist unser größter Reichtum." Für die christlichen Wallfahrer ist die Reise nach Lalibela so bedeutsam wie für Muslime eine Pilgerfahrt nach Mekka. Die Äthiopier pflegen in dieser Abgeschiedenheit ihre ganz eigene Form des christlichen Glaubens, der sich bis heute jeglichen Missionierungsversuchen der europäischen Kirchen widersetzt hat. Selbst die Jesuiten scheiterten seinerzeit beim Versuch, ihren Katholizismus im äthiopischen Hochland zu etablieren. So gilt Äthiopien nach Armenien noch immer als die zweitälteste christliche Nation der Welt.

Ausgerechnet in dieser Nacht überzieht leichter Landregen die Berge. Doch die Pilger empfinden ihn als Segen für ihr Land, das immer wieder von Dürre und Hungersnöten heimgesucht wird. Im Morgengrauen beginnt schließlich die letzte Etappe des großen Festes: die Taufzeremonie.

Erschöpft warten die Menschen an einem großen kreuzförmigen Taufbecken. In der Nacht sind noch mehr Pilger aus dem Umland angekommen, weil sie hier die Heilung aller nur erdenklicher Leiden erhoffen. Vielen Teilnehmern sitzt die schlaflose Nacht noch in den Knochen. Doch sie können sich nicht vorstellen, das harte Leben im Hochland ohne den Segen des obersten Patriarchen zu meistern. Die meisten Einheimischen haben in ihrem Leben noch kein einziges Timkat-Fest versäumt.

Was als Taufe am Rande des Beckens beginnt, endet in einer überschwänglichen Wasserschlacht. Kreischend springen die Kinder ins Wasser, nachdem sie der oberste Patriarch gesegnet hat. „Die Kinder, die beim Timkat in Lalibela zur Taufe gegangen sind, geraten besonders gut", erklärt uns Pater Assefa. „Eltern aus ganz Äthiopien lassen deshalb ihre Sprösslinge in den Bergen segnen."

Eine alte Bäuerin lässt sich etwas Weihwasser für ihre Freunde und kranken Verwandten abfüllen. Bei manchen Krankheiten helfe schon ein einziger Schluck. Auf alle Fälle könne man so ziemlich jede Krankheit mit dem gesegneten Wasser heilen, ruft sie uns zu. Sie habe es an den Bronchien. Deshalb habe sie sich nach Lalibela geschleppt. „So stärken wir uns und können unseren Glauben gegen die bösen Kräfte da draußen verteidigen."

Und dann ziehen sie auch schon fröhlich summend zurück in ihre Dörfer, irgendwo in dieser unwirtlichen Gegend.

## Kitenge, der Kindersoldat

Gedankenversunken kniet der schmale 17-jährige Kitenge vor seinem Hochbett und stopft seine abgetragenen Klamotten in eine schwarze Sporttasche, Trophäen unzähliger Plünderfeldzüge. Ein einziges, abgegriffenes Polaroidfoto ist ihm aus seiner Zeit als Kindersoldat im Ostkongo geblieben. Steif steht er auf dem Bild in riesigen, schwarzen Gummistiefeln und einem zerlöcherten T-Shirt vor einer Strohhütte. Etwa elf Jahre alt müsse er damals gewesen sein, erzählt Kitenge seinem Sozialarbeiter Antoine. Er zeige es nur ungern, denn er wirke nicht wie ein richtiger Soldat. Die anderen aus seinem Zimmer im Auffanglager hätten bessere Bilder herumgereicht. Doch Antoine rät ihm, das Foto als Erinnerung zu behalten.

Wir sind im Zentrum für Kindersoldaten in Kinshasa. Gemeinsam mit dem Sozialarbeiter Antoine sprechen wir mit Kitenge, der als Zehnjähriger von Soldaten verschleppt worden war. Für Kitenge ist es die letzte Nacht hier, Endstation einer Odyssee des Horrors, die mehr als sieben Jahre gedauert hat. In den letzten Tagen wurde er auf das Wiedersehen mit seiner Familie vorbereitet. Kitenge zählt zu den Glücklichen. Seine Familie hat ihn nach einer monatelangen Suchaktion des Internationalen Roten Kreuzes gefunden.

Bisher war er sehr schweigsam, doch jetzt beim Packen bricht es wie eine Beichte aus ihm heraus. Gebannt hören wir ihm zu.

„Ich war auf dem Weg zur Schule", sagt er schleppend, „und hatte mich einer Gruppe von Jungs angeschlossen, die die Schule schwänzen wollten. Plötzlich saßen wir alle in einem LKW und fuhren tagelang über Holperpisten. Es gab kein Entrinnen. Als wir endlich ausstiegen, haben sie uns befohlen, strammzustehen. Die, die versucht haben zu fliehen, wurden sofort erschossen."

„Zuerst haben sie uns weich gemacht", richtet er sich an Antoine, ohne ihn dabei anzusehen. „Dann mussten wir uns Respekt verschaffen, haben die Dorfbewohner angeschrien, in ihre Hütten geschossen und uns über sie lustig gemacht, wenn sie vor Angst zusammengebrochen sind. Die Großen haben sich von uns bedienen lassen. Wir Kleinen waren dazu da, Essen und Kleidung für sie von den Dorfleuten zu erpressen." Einige der besseren Sachen versuchte Kitenge für sich zu behalten, wie zum Beispiel die überdimensionierte blaue Sonnenbrille, die er jetzt trägt. Doch meist mussten er und die anderen ihre Beute dem Kommandanten übergeben und hungrig ins Bett gehen.

Es sind immer wieder dieselben Geschichten. Jungs auf Stöckelschuhen, mit Perlenketten behangen wie Prostituierte, errichten Straßensperren um Dörfer herum. Den Flüchtenden nehmen sie die letzten paar Habseligkeiten ab. Wegezoll, den sie mit höhnischem Gelächter und Freiheitslieder auf den Kongo singend an die Meute gieriger Outlaws verteilen. Selbst alte Mütterchen auf der Flucht in die Lager oder zu Verwandten rauben sie aus; und sie schänden Frauen. Am Ende machen sie sich noch über ihre Opfer lustig.

Nachts plagen den 17-Jährigen oft Albträume, erzählt uns der gut gekleidete Antoine. Die Geister seiner Vergangenheit toben sich an ihm und den anderen „Demilitarisierten" aus. Kitenge gehöre zu den Kindern, die im Krieg Schlimmes erlebt haben. Morde, Plünderungen. Wenn er mit den anderen zusammen ist, prahle er damit, obwohl diese Zeit der Grausamkeiten in Wirklichkeit schwer auf ihm laste. Immerhin habe er sein Schweigen endlich gebrochen – ein erster Schritt, die schrecklichen Erlebnisse zu verarbeiten. Doch wird dieser Prozess noch lange dauern, da ist sich Antoine sicher.

Wir sind fast unsichtbar geworden mit unserer Kamera. Es ist, als wollte Kitenge sein Gewissen erleichtern. Die Kamera hat er darüber vergessen. Was für uns fast unvorstellbar ist: Kitenge wird seine Dämonen ohne Therapie verdrängen müssen. Jetzt quält ihn jedoch erst einmal dieselbe Furcht wie die anderen Jungs, die hier wie Treibgut angeschwemmt werden. Wird man ihn überhaupt aufnehmen in der Familie und in dem kleinen Dorf nördlich der Bergbaustadt Lubumbashi, in dem er aufgewachsen ist?

Ein lauter Pfiff reißt ihn aus seinen Erinnerungen. Anpfiff zum Fußballspiel in den Gassen rund um das unscheinbare Steinhaus mitten in einem dicht besiedelten Wohnviertel von Kinshasa. Ausgelassen kickt Kitenge den Ball durch den Staub. Vergessen sind die düsteren Gedanken an den Krieg. Beim ersten Tor fallen sich die Jungs aus dem Lager in die Arme.

Plötzlich baut sich ein älterer Herr mit schwarzer Weste und Gehstock aufgebracht vor ihnen auf. Das Zentrum müsse geschlossen werden, droht er ihnen. Es sei ein Schandfleck im Viertel. „Haut ab, ihr Banditen“, schimpft er aufgebracht. „Man müsste euch ins Gefängnis sperren, jeden Einzelnen. Geraubt und gebrandschatzt habt ihr. Wir wollen euch hier nicht. Ungeziefer seid ihr, das man uns in den Pelz gesetzt hat. Euch päppeln sie auf. Und die ehrlichen Menschen in diesem Land müssen hungern.“

Der Alte spricht aus, was viele Kongolesen denken. Vorsichtig versuchen die Sozialarbeiter zu schlichten und stellen sich zwischen ihn und die Jugendlichen. „Sei nicht so hart!“, beschwichtigen sie ihn. „Diese Jungs sind genug herumgeschubst worden. Es steht dir nicht zu, sie zu verurteilen.“ Mittlerweile hat sich eine Menschentraube angesammelt und eine heftige Diskussion ist im Gange, an der jeder Vorbeikommende lautstark teilnimmt. „Es waren Erwachsene, die sie in den Krieg getrieben haben“, wirft Antoine dem Alten entgegen, der trotzig abwinkt. „Wir als Gesellschaft tragen die Verantwortung gegenüber diesen Kindern.“

„Ja, es sind unsere Kinder“, fügt schließlich eine ältere Frau kleinlaut hinzu. „Wer soll das denn sonst machen? Wir müssen uns jetzt um sie kümmern“, sagt sie dann noch zögerlich in unsere Kamera. Betreten zieht sich die Menge zurück. Die Stimmung ist gedämpft, das Misstrauen groß.

Fußballspielen will jetzt keiner mehr. Die Jungs wissen, dass dieser Zwischenfall ein Vorgeschmack auf das ist, was sie in ihren Dörfern erwartet. Niedergeschlagen ziehen sich die ehemaligen Krieger in den Innenhof zurück. Am selbstgebauten Kicker verabschiedet sich Kitenge von den Jungs, mit denen er die ersten behutsamen Schritte in ein neues Leben gemacht hat.

Am nächsten Tag steht er in einer neuen Jeans und einem neuen T-Shirt vor Antoine und grinst zufrieden. Antoine ist irritiert. Gemeinsam hatten sie die Kleidungsstücke als Geschenk für Kitenges jüngeren Bruder gekauft, denn Kitenge sollte nicht mit leeren Händen bei seiner Familie auftauchen. Antoine stellt seinen Zögling zur Rede. Doch Kitenge weicht aus. Sein kleiner Bruder bekomme seine abgetragene Jeans, verteidigt er sich. Die neue Hose wolle er für sich behalten, um gut auszusehen, wenn er seiner Familie begegne.

Anderen eine Freude zu machen, sagt Antoine, habe Kitenge nie gelernt. Bei den Milizen sei es nur um den eigenen Vorteil gegangen und dafür wurde mit brutalster Gewalt gekämpft. Andere wurden erniedrigt. Rücksichtnahme, so etwas kenne er nicht.

Im Geländewagen der Hilfsorganisation sitzt Kitenge zusammengesunken auf dem Rücksitz und schaut aus dem Fenster. Verzweifelt scheint er nach Spuren seines früheren Lebens zu suchen, während links und rechts die Dörfer an uns vorbeifliegen. Nach sieben Jahren im Kriegsgebiet des Ostkongo ist ihm die Bergbauregion nördlich von Lubumbashi völlig fremd geworden.

Überrascht starrt Kitenge auf den Aufkleber der Hilfsorganisation: Ein durchgestrichenes Gewehr, das klar machen soll, dass die Insassen unbewaffnet sind.

Ein Leben ohne Waffen. Kitenge kann sich eigentlich gar nicht vorstellen, wie das gehen soll. Militärischer Drill. Strammstehen. Befehle befolgen. Plündern. Zeit zum Nachdenken hatte er kaum. „Der Kampf ums Überleben hat ihn völlig aufgefressen", glaubt Antoine. „Es ist ein Wunder, dass der Junge die Strapazen überlebt hat und den Milizenchefs entkommen ist."

Jetzt ist es so weit. Wir halten vor seinem Elternhaus. Lange hat Kitenge auf diesen Moment gewartet und ihn gefürchtet. Seine Urgroßmutter kommt dem Auto kreischend entgegengelaufen. Wie versteinert zunächst hockt Kitenge auf seinem Sitz. Er dürfe die Wahrheit nie preisgeben, hatten ihm andere ehemalige Kindersoldaten eingebläut. Sie werden dich hassen, hatten sie gesagt. Seine Urgroßmutter aber ist außer sich vor Freude. Immer wieder schließt sie ihren Enkel weinend in die Arme. Schluchzend schmiegt sich Kitenge an die alte Frau. Hinter der Fassade seiner Sonnenbrille fließen die Tränen.

Auch sein Onkel, der 45-jährige Charles Kyungu-Nekaya, kann es kaum erwarten, den Jungen zu umarmen. Bei ihm, einem Dorflehrer und Pfarrer, ist Kitenge aufgewachsen, nachdem seine Eltern früh verstorben waren. Als die beiden einige Tage zuvor das erste Mal miteinander telefonierten, hatte es ihnen erst einmal die Sprache verschlagen. Wo soll man nach sieben langen Jahren überhaupt anfangen? Wie will man all das Leid in Worte fassen? Kitenge ringt um Fassung und geht dann an der Seite seines Onkels ins Haus, wo der Rest der Familie wartet.

Mit weit aufgerissenen Augen starrt Kitenge in das mit Marienbildchen, Familienfotos und Häkeldeckchen überladene Wohnzimmer. Leise tuschelnd stehen seine Cousins und Cousinen, Tanten und Onkel rund um ein altes Klavier und warten auf ihren Dirigenten, Onkel Charles, der sonntags in der Dorfkirche den Chor leitet. Scheu beäugen sie Kitenge, der es kaum wagt, vom Boden hochzuschauen. Ihre Fragen scheinen in der Luft zu liegen. Um das Eis zu brechen, stimmt Pfarrer Charles ohne Umschweife eine Hymne auf den verlorenen Sohn an.

Eine kleine Ewigkeit vergeht, bis die Begrüßungen auf ihn niederprasseln. Seit Jahren ist im Hause Kyungu kein Tag vergangen ohne ein Gebet für ihn, erzählen sie aufgewühlt. Die Hoffnung auf seine Wiederkehr hatten sie nie aufgegeben. Die verzweifelte Suche über Kirchengemeinden im ganzen Land war jahrelang erfolglos. Doch dann hatten Nachbarn vor ein paar Wochen einen Aufruf des Internationalen Roten Kreuzes im Radio gehört. Der Name und die Beschreibung passten und die Vermutung wurde zur Gewissheit, als sich Charles im Büro der Hilfsorganisation Kitenges Foto anschaute.

„Er war doch damals noch so klein“, klagt der Pfarrer mit sanfter Stimme. „Viel zu klein, um Soldat zu sein.“ Mit viel Liebe glaubt er den Jungen in die Gemeinde zurückführen zu können. Freudig berichtet er Kitenge von einer Lehrstelle als Automechaniker, die er ihm besorgt hat. Doch so recht weiß der noch nichts damit anzufangen.

Nur wenige der ehemaligen Kindersoldaten werden so herzlich aufgenommen wie er. Die meisten Familien haben Angst vor den sogenannten „Kadogos", den Kindern, deren Taten meist für immer im Verborgenen bleiben. Vor ihnen liegt ein steiniger Weg. Viele Familien scheitern. „Ihr müsst viel Geduld miteinander haben." Antoine hat schon einige ehemalige Kindersoldaten nach Hause begleitet und weiß, dass Höhen und Tiefen vor ihnen liegen.

Draußen sind mittlerweile auch die Nachbarn eingetroffen. Die Neugierde ist groß, vermischt mit der Furcht, das Militär könnte aus Kitenge ein Monster gemacht haben. Alle wollen den Jungen in seiner ausgebeulten Rapperhose, seiner Baseballkappe und der blauen Sonnenbrille mit eigenen Augen sehen. Ungeduldig drängen seine Cousins und Cousinen Kitenge zum Aufbruch. Sie wollen ihm das Dorf zeigen. Über die Kadogos haben sie schon viel gehört. In manchen Dörfern gelten die Demilitarisierten als unantastbare, unberechenbare Zeitbomben. Eines Tages werden Kitenges Cousins mit ihm über den Krieg sprechen. Doch dafür ist es jetzt noch zu früh. Nervös schiebt der schmächtige Junge seine Baseballkappe in die Stirn.

Kitenges Urgroßmutter, die 84-jährige Judith Bahaty, das eigentliche Familienoberhaupt, hat ihren Enkel eine Zeit lang liebevoll beobachtet und ruft ihn erst einmal zu sich unter den alten Avocadobaum. Bevor er mit seinen Cousins ins Dorf geht, will sie ihm erzählen, wie er hier früher die Bäume hochgeklettert ist und Fußball gespielt hat. Der marode Holzstuhl unter dem schweren Avocadobaum sei sein Lieblingsplatz gewesen. Hier im Schutz des dichten Blätterdachs könne man gut nachdenken, meint sie. Für Kitenge schmerzhafte Momente. „Sie haben mir meine Kindheit gestohlen", flüstert er und schaut dabei zu Boden. „Sie haben mich gezwungen, wie ein Erwachsener zu sein." Eine bittere Wahrheit, die er wohl keinem anderen anvertrauen könnte.

Dann richtet er sich abrupt auf. „Ich muss jetzt los mit den anderen." Und mit diesen Worten zieht er seine Baseballkappe wieder ins Gesicht. „Schau, Oma, ich schaff das schon. Ich bin ein Mann und werde bald Autos reparieren", sagt Kitenge sichtlich aufgewühlt.

Sein Onkel winkt ihm wohlwollend zu. Jahrelang hat er sich täglich gefragt, ob Kitenge überhaupt noch lebt. Nun steht er grübelnd vor einem Fremden. Er hat mit seinem guten Ruf als Pfarrer gebürgt, damit der Junge eine Lehrstelle bekommt. Einem ehemaligen Soldaten, der wahrscheinlich gemordet, geplündert und vergewaltigt hat, vertraut man nicht. Doch letztlich muss Kitenge den Job alleine meistern.

„Wir hatten grausame Diktatoren wie Mobutu, aber Kindersoldaten gab es damals nicht. Schlimme Zeiten, die das Land und die Moral der Menschen zerstören. Mon Dieu, gib uns die Kraft, Kinder zu lieben, die Schreckliches getan haben", murmelt die Urgroßmutter verzweifelt, als Kitenge mit den anderen losgeht zu seiner ersten Runde durchs Dorf.

# Der Elefantenflüsterer

Geschickt pellen sie mit ihren großen Rüsseln die Baumrinde einer Akazie ab und kauen genüsslich darauf herum, bevor sie im Vorübergehen einen nahe stehenden Avocadobaum wie einen Zahnstocher umknicken. Die saftigen Bäume des Regenwaldes an Kenias Küste schmecken den Elefanten besonders gut. Das wird ihnen nun zum Verhängnis. Im kleinen Nationalpark Shimba Hills südlich von Mombasa haben sich die Elefanten stark vermehrt. Die Vegetation kann sich kaum noch erholen. Der kenianische Biologe Patrick Omondi soll 400 Dickhäuter in ein Schutzgebiet landeinwärts schaffen. Er leitet die bisher größte Umsiedlungsaktion der staatlichen Tierschutzbehörde. Ganze Elefantenfamilien sollen weggeschafft werden.

Patrick ruft im Basislager bereits seine Truppe vom „Kenya Wildlife Service" zusammen, um die weitere Strategie zu besprechen. Die Hubschrauber können erst starten, wenn sich die morgendlichen, dichten Nebelschwaden über dem Nationalpark etwas gelichtet haben. Knapp einhundert Ranger, Tierärzte, Biologen und Piloten arbeiten schon seit Tagen rund um die Uhr. Alle sind erschöpft, wollen aber weitermachen. Die Ranger waren früher eine paramilitärische Einheit im Kampf gegen

Wilderer, heute sind sie ein Umzugsunternehmen für Elefanten. Jahrelang hat sich Patrick für die Umsiedlung eingesetzt. Das sogenannte „Culling", das Töten überschüssiger Elefanten, wäre viel billiger und einfacher. Doch der Elefantenflüsterer hat einen Traum. Er will die Dickhäuter in den großen Nationalparks im Landesinneren ansiedeln, wo die Bestände in der Vergangenheit stark dezimiert wurden. „Wir dürfen uns keine Fehler erlauben", appelliert er noch einmal an seine eingeschworene Truppe. Die Elefanten wittern die Gefahr.

„Sie sind schlau", erklärt er mir, „und haben sehr schnell gelernt, dass die Hubschrauber für sie bedrohlich sind. Sobald sie die Motoren hören, laufen sie tief in den Busch und verstecken sich am Berghang. Das erschwert unsere Arbeit, weil der Park dort ziemlich unzugänglich ist. Man könnte meinen, dass es für einen ausgebildeten Ranger ein Kinderspiel ist, sie aufzuspüren, aber sie können sich so ruhig verhalten, dass sie wie riesige Steine aussehen. Unseren Piloten fällt es dann unglaublich schwer, sie in diesem gebirgigen Terrain zu entdecken."

Hubschrauber kreisen über einem Bullen. Patrick gibt durch, ihn laufen zu lassen. Am Anfang der Aktion sollen zunächst nur komplette Familien befördert werden. Möglichst viele Tiere mit jeder Fuhre. Aber dann sichten die Piloten eine Leitkuh mit mindestens drei Jungtieren, die auf eine Schlucht zulaufen. Blitzschnell laden die Tierärzte an der offenen Luke des Hubschraubers ihre Betäubungsgewehre. Der Pilot schwebt so nah wie möglich über den Tieren. Schon bohrt sich der erste Pfeil in den Rücken der Leitkuh. Alles geht jetzt Schlag auf Schlag. Die Tierärzte setzen nach, zielen wieder und wieder. Auf Patricks Funkgerät laufen die Fäden zusammen. Sorgfältig lässt der perfekte Stratege das gesamte Terrain durchkämmen. Tanten, Neffen und Nichten der Elefantenkuh werden aus ihren Verstecken getrieben. Wenn auch nur einer zurückbliebe, würde das in der Herde für große Unruhe sorgen.

Einer der Elefanten beginnt zu torkeln und kracht wie ein gefällter Baum auf die Erde. Die kleinen wanken nur kurz und fallen dann friedlich zur Seite. Als Letztes gibt sich die Leitkuh geschlagen. Wie eine Diva kämpft die Elefantenchefin gegen die Müdigkeit. Sie macht einen letzten Versuch, ihre Herde zusammenzuhalten, fällt dann schwerleibig auf die Hinterbeine und sinkt kraftlos zu Boden.

Erst jetzt gibt Patrick die Anweisung auszurücken. Vorsichtig nähern sich Ranger und Tierärzte den Urwaldriesen. Weitere Helfer eilen mit Arztkoffern hinterher und beginnen mit der Untersuchung. Sie müssen schnell sein. Patrick will die Tiere zuerst auf Pick-ups und dann in einen großen Container verladen.

Um die Atemwege offen zu halten, stecken die Tierärzte den schlafenden Tieren kleine Stöckchen in die Rüssel. Die großen Ohren werden über die Augen geklappt, damit diese in der sengenden Sonne nicht austrocknen. Die Männer arbeiten mit militärischer Präzision. Jeder Handgriff sitzt.

Kenias oberster Elefantenschützer und Elisabeth Wamba, seine rechte Hand, beobachten jedes Detail mit Argusaugen. Elisabeth ist eine der besten Tierärztinnen im Land. Sie hat in Südafrika die Umsiedlung einzelner Elefanten miterlebt und viele Erfahrungen gesammelt. Zusammen haben sie jahrelang für die Umsiedlung von Familienclans geworben.

„Elefanten sind sehr intelligente und sehr soziale Tiere", erklärt uns Elisabeth Wamba. „Deshalb versetzen wir ganze Familien. Wir wissen mittlerweile, dass sie einander brauchen, um zu überleben." Während das einjährige Baby vermessen wird, fühlt Francis Mloyi, ein junger Tierarzt, die ganze Zeit seinen Puls. Elisabeth wacht ständig über den Junior-Jumbo. Die schnarchende Leitkuh erhält ein blaues Halsband mit einem Sender, damit sie später in ihrem neu-

en Umfeld geortet werden kann. Außerdem lässt Elisabeth ihr die Zahl 41 aufmalen. Doch Patrick hasst Nummern. Er hat sie „Pauline" getauft. Die Elefanten erhalten Nummern, damit die Biologen sie im Tsavo National Park, Kenias größtem Schutzgebiet, leicht wiedererkennen können. „Ich träume nachts schon von Elefanten", meint Patrick lächelnd. Er mahnt sein Team zur Eile. Im ganzen Land nennen sie ihn längst den „Vater der Elefanten". Er sehe ihnen mittlerweile schon ähnlich, spotten seine Kollegen. Seine gedrungene Statur erinnere an einen kleinen Waldelefanten. Patrick lässt die ersten Tiere für die Verladung fertig machen. Sicherheitshalber werden die Älteren erneut betäubt, damit sie erst wach werden, wenn sie im Container sind.

Die Ranger verknoten Seile an den Beinen der Tiere und befestigen daran riesige Karabinerhaken. Dann wuchten sie die dickleibigen Elefantentanten 43 und 44 mit einer Seilwinde auf die Pick-ups. Wie ein Feldherr dirigiert Patrick die Aktion. Das Elefantenbaby lässt er per Hand verladen. Seine Wirbelsäule ist noch nicht so belastbar und könnte unter dem Druck des Körpergewichts Schaden nehmen.

Immer wieder begutachtet Patrick liebevoll seine friedlichen Riesen. Früher lebten in Kenia 170.000 Elefanten. Wilderer haben unzählige Herden abgeschlachtet und auf 16.000 Tiere dezimiert. Daraufhin wurde Anfang der 90er-Jahre der Handel mit Elfenbein verboten. Inzwischen gibt es in Kenia wieder 32.000 Jumbos.

„Wir könnten in den großen Parks wie im Tsavo und im Meru National mehr Tiere aufnehmen und vielleicht wieder auf 50.000 kommen", meint Patrick. In jedem Fall wolle er sicherstellen, dass die größten Säugetiere Afrikas seinen Kindern erhalten bleiben. Wenn hier alles gut gehe, werde man zukünftig vermutlich häufiger Elefantenfamilien umsiedeln, meint er, statt sie in dicht besiedelten Gegenden umzubringen wie in Südafrika.

In Kenias größeren Nationalparks ist zwar noch Platz, aber auch die Bevölkerung wächst. „Selbst in den Wanderkorridoren leben nun Menschen", klagt Elisabeth Wamba, die alles daransetzen will, die alten Wanderrouten der Elefanten aufrechtzuerhalten. „Eigentlich sind es die Menschen, die den Elefanten in den Weg geraten. Solange die Korridore für die friedlichen Riesen groß genug sind, können sie ihrem Wandertrieb folgen. Der Mensch-Tier-Konflikt ist sonst vorprogrammiert. Der kleine Shimba Hills National Park musste umzäunt werden, obwohl er eigentlich Teil einer jahrtausendealten Wanderroute der Dickhäuter war."

Nicht nur in Kenia, auch in anderen Ländern Afrikas häufen sich die Probleme, rücken die Menschen den Dickhäutern auf den Pelz. Der ehrgeizige Schwarzafrikaner will, dass das „kenianische Modell" Schule macht. Von ihren Erfahrungen könnten andere Länder Afrikas profitieren. „Wir arbeiten hier mit Maschinen, die eigens für den Einsatz entwickelt wurden. Früher haben wir fünf bis sieben Tonnen schwere Elefanten mit unseren Händen verladen, ein Knochenjob. Da habe ich fünfzig Männer für einen ‚Störenfried' gebraucht", erklärt Patrick, „und wir haben für einen einzigen Elefanten den ganzen Tag malocht. Heute siedeln wir in der gleichen Zeit eine komplette Familie um und die Tiere sind weniger Stress ausgesetzt."

Vor dem Container haben sich Bewohner eines nahe gelegenen Dorfes versammelt. Argwöhnisch verfolgen sie das Verladen. „Sie haben unsere Felder und sogar schon Menschen zertrampelt." Der Dorflehrer Omari Makumba ist aufgebracht. „Wir schauen zu, bis der letzte der 400 versprochenen Elefanten wegtransportiert worden ist. Wir zählen genau mit und führen Buch. Am Ende sollen nur noch 320 in den Wäldern von Shimba Hills bleiben", sagt er bestimmt.

Über die „Shambas", die Farmen am Rande des kleinen Schutzgebiets Shimba Hills, machen sich die Dickhäuter besonders gerne her. In der ganzen Umgebung gibt es im Augenblick nur ein Thema: Die Elefanten haben die Gegend in ein Krisengebiet verwandelt. Nachts traut sich keiner mehr, das Dorf zu verlassen.

„Mein Bruder ist von einem Elefanten umgebracht worden", klagt der Dorfchef Nzaria Dzikonia. „Er wollte abends noch mal auf den Feldern nach dem Rechten sehen und wurde plötzlich von einem Elefanten aufgespießt und in die Luft geschleudert. Seitdem trauen wir uns nicht mehr auf die Shambas in der Nähe des Parks. Wir bauen nur noch auf einem Bruchteil unseres Ackers Gemüse an. Davon können wir aber nicht leben." Alle sind sich einig: Die Störenfriede müssen weg. Das hat die Regierung versprochen.

Zuerst wuchten die Ranger das einjährige Kalb von Pauline in den Container. Dann folgen seine Geschwister, Tanten und Cousins – die ganze Großfamilie. Während die ersten Elefanten in der Luft baumeln, werden auf Traktoren mit Anhängern weitere Tiere herangefahren. Behutsam, jedoch zügig ziehen die Männer die Elefanten in den Container. Verladen im Stundentakt: Patricks jahrelange Vorarbeit und die perfekte Technik machen es möglich.

Im Container rühren sich inzwischen bereits die Ersten. Nur das junge Kalb denkt überhaupt nicht daran. Die Männer versuchen es wachzurütteln, bevor die anderen Elefanten das Jungtier möglicherweise zerquetschen. Die Ranger packt die Sorge um das Elefantenbaby. Ob die Beruhigungsspritze zu stark war? Elisabeth beschleichen erste Zweifel. Seine Geschwister sind längst auf den Beinen. Ziemlich unsanft schubsen sie jetzt das schlafende Junge, um es aufzuwecken. „Langsam wird es gefährlich", meint Patrick und lässt die älteren Tiere nach hinten drängen.

Er weiß, der Tod des Kalbes würde die Leitkuh Pauline und die ganze Familie völlig aus der Bahn werfen. Es wäre nicht daran zu denken, sie umzusiedeln. „Das viel beschworene Elefantengedächtnis hält tatsächlich ein Leben lang", sagt Patrick kurz angebunden. Er wird immer unruhiger. Endlich! Benommen versucht das Jungtier aufzustehen. Die Freude ist groß. Die Ranger klatschen.

Nun, zuallerletzt, muss der neue Kran zeigen, was er kann. Pauline, die Nummer 41, wird verladen. Als die schwere Elefantendame in der Luft schwebt, halten selbst hartgesottene Ranger den Atem an. Werden die Fußfesseln standhalten? An ihnen hängen mehr als fünf Tonnen Gewicht. Eine ziemliche Zitterpartie. Als die beleibte Elefantenmutter behutsam im Container abgesetzt wird, macht sich Erleichterung breit. „Ohne die Alte wäre die Herde aufgeschmissen", meint Elisabeth. „Sie weiß, wo die besten Futterplätze sind, und sie kennt die Wanderrouten. Sie schützt die Gruppe und gibt ihnen Sicherheit. Sie führt die Herde an."

„Ganz so wie im richtigen Leben", fügt sie noch grinsend hinzu. Patrick nickt. Ohne Elisabeths forsche Art hätte er die bürokratische Umweltbehörde nie für das Projekt gewinnen können.

Mit mehreren Stunden Verspätung rollt der Laster in Richtung Tsavo National Park. Auf der Holperpiste müssen die Ranger extrem langsam fahren. Für die 350 Kilometer werden sie sechs bis sieben Stunden brauchen. In den Dörfern an der Küste ist die Freude groß, als der Elefantenkonvoi vorüberfährt.

Stunden später, fünf Kilometer vor dem Ziel, drehen plötzlich die Räder durch. In dem feinen Pulversand fressen sie sich fest. Und dann Stillstand. Ratlos versammeln sich die Ranger an der hinteren Achse des LKWs. Undenkbar, das schwere Gefährt anzuschieben. Die lauten Schreie der Elefanten hallen durch die sternenklare Nacht. Sie sind jetzt neun Stunden eingesperrt und wollen nur noch raus aus dem Stahlgefängnis.

Während die Ranger versuchen, Bretter unter die Reifen zu schieben, wird Francis Mloyi zunehmend nervöser. Der Tierarzt raucht eine Zigarette nach der anderen. „Ohne Rampe können wir die Tiere nicht freilassen", erklärt er uns. „Sie würden sich beim Herausspringen die Beine brechen." Mit jedem neuen Rettungsmanöver graben sich die Räder tiefer in den Sand. „Die Tiere stehen jetzt fürchterlich unter Stress. Aber eine Zeit lang werden sie es schon noch ohne Essen und Wasser aushalten", sagt Francis, wie um sich selbst zu beruhigen. Keiner hat ihn darauf vorbereitet. Plötzlich fällt einem der lokalen Ranger die Lösung ein: eine Planierraupe nicht weit von hier, mit der die Ranger kürzlich die Wege begradigt haben.

Langsam schiebt die Raupe den LKW aus dem Sand. Auf den letzten Metern halten alle die Luft an. „Jetzt hat die Tortur der Tiere gleich ein Ende", meint Francis erleichtert. Die erschöpften Ranger, denen die tagelange Arbeit tief in den Knochen sitzt, öffnen die Tore des Containers. Etwas benommen taumelt zunächst die Elefantenkuh über die selbstgebaute Rampe hinaus in die Dunkelheit, gefolgt von den anderen Familienmitgliedern, die sich eng an die Alte pressen. Wie Geister entschwinden sie in der Nacht.

Drei Monate später fliegen wir mit Patrick in den Tsavo National Park zurück. Er will wissen, was aus Pauline und ihrer kleinen Familie geworden ist. Angestrengt versucht sich der passionierte Biologe aus der Luft einen Überblick zu verschaffen. Er will sehen, wie sich seine Elefanten auf diesem fremden Terrain zurechtfinden. Nach der Regenzeit ist der Galana-Fluss, der mitten durch den Park fließt, voller Wasser. Optimale Bedingungen für die Neuankömmlinge, die sich hier erst noch orientieren müssen.

Patrick und sein langjähriger Freund Sam, auch ein Biologe, schauen gedankenversunken aus dem Fenster des kleinen Fliegers. „Früher lebten da unten im Tsavo riesige Elefantenherden. Um die 40.000." Die beiden Schulkameraden können sich noch gut an diese Zeit erinnern. Wilderer aus Somalia kamen immer wieder über die offene Grenze und schlachteten ganze Herden ab. Seitdem setzen sich die beiden Biologen für die gutmütigen Riesen ein. „Ich habe sie tief in mein Herz geschlossen", meint Patrick. „Und es tut mir in der Seele weh, wenn ich daran denke, dass sie in anderen Ländern ganze Familien dieser herrlichen Tiere abknallen."

Patrick ist zufrieden, dass sich nur ein paar Bullen, Einzelgänger, auf den Rückweg nach Shimba Hills gemacht haben. Damit hatte er gerechnet. Die Familien aber sind alle am Fluss geblieben, dort, wo sie ausgewildert wurden, und haben sich sogar schon mit alteingesessenen Elefanten verbrüdert. „Da unten ist die Elefantenkuh mit dem blauen Senderhalsband", ruft Patrick plötzlich aufgeregt. Die alte Elefantendame versucht die Witterung aufzunehmen und rast los. Patrick grinst. „Die Angst vor Flugzeugen oder Hubschraubern ist ihr wohl für immer geblieben."

Bevor der erfahrene Biologe nach Nairobi zum Hauptsitz der Tierschutzbehörde zurückkehrt, begeben wir uns mit ihm und seinem Weggefährten noch einmal ins Gelände.

Aus dem satten Grün prustet eine Elefantenkuh, als wollte sie ihren Retter grüßen. Zufrieden kauend steht sie mit ihrer Familie ganz nah an unserem Geländewagen und lässt sich beim Grasen von uns nicht aus der Ruhe bringen. „Schaut euch das an", flüstert Patrick. Die Elefanten im Tsavo gelten sonst eher als scheu und können leicht aggressiv werden. Sie tragen bis heute die Spuren der Wildererei im Gedächtnis. Die Umsiedler aus Shimba Hills dagegen sind völlig entspannt. Sie lassen uns ganz nah an sich heran. Die Neuen und die Alten werden voneinander lernen. Da sind sich die beiden Biologen einig.

# Die Arbeitsbrigaden von Asmara

Vor einem Berg rostiger Panzer, die wie gestrandete Insekten mitten auf dem Feld gestapelt sind, bleiben wir stehen. Begeistert erzählen Nigesti und Mebrat von den Feldzügen gegen das verfeindete Nachbarland Äthiopien. „Wir haben uns nicht unterkriegen lassen, auch nicht von einem übermächtigen Feind, der so viel mehr Soldaten und Panzer hatte als wir. Wir haben es für euch getan", hämmert Mebrat ihrer 13-jährigen Tochter Selam ein, deren Name „Frieden" bedeutet.

Dreißig Jahre hat das kleine Eritrea gegen Äthiopien gekämpft. Am Ende sollte der längste Bürgerkrieg Afrikas ein afrikanisches Musterland hervorbringen, einen Hoffnungsträger der Demokratisierung. Als Eritrea 1993 endlich seine Unabhängigkeit erlangte, tanzte die Bevölkerung auf den Straßen. Doch den Frieden spürt man in der eritreischen Gesellschaft bis heute nicht. Das Land, in dem das Militär die Bürgermeister der meisten Städte stellt und einen Großteil der Staatsausgaben verschlingt, zählt zu den militarisiertesten Staaten der Welt. Die auf dem alten Schrottplatz von Asmara meterhoch aufgetürmten Kriegsfahrzeuge wirken erdrückend. Sie machen deutlich, wie hoch der Preis für die Unabhängigkeit war. Dennoch steht für die beiden ehemaligen Kämpferinnen

fest, dass sie den Befreiungskrieg, der ihnen unendlich viel abverlangt hat, jederzeit wieder austragen würden.

Der Krieg hat die Frauen geprägt. Alleinerziehend beißen sie sich seit Jahren durch. Obwohl es lange her ist, dass Mebrat mit Beutepanzern an der Front kämpfte, schwelgt die burschikose Ex-Soldatin gerne in ihren Erinnerungen und vermittelt einem das Gefühl, dass man ihr noch immer zum Sieg über die Äthiopier gratulieren müsste. Ihre jüngere Freundin Nigesti hört ihr nachdenklich zu und stillt an einen zerschossenen LKW gelehnt ihre neugeborene Tochter. Sie vermisst ihren Mann, den sie seit einem halben Jahr nicht mehr gesehen hat. Das gemeinsame Kind hat er bisher nicht zu Gesicht bekommen. Nigesti war Ende der 90er-Jahre mit einer schon reichlich ermatteten Armee an die lange umkämpfte Grenze gezogen, als der Krieg zwischen Eritrea und Äthiopien 1998 wieder ausbrach. Sie war froh, als er endlich zu Ende war, und sehnt sich jetzt nach einem normalen Leben mit ihrer Familie.

Auch sie erfüllt der Anblick des gewaltigen Schrottbergs mit Stolz. „Die Äthiopier wollten uns mit diesen Panzern vernichten, doch am Ende haben wir sie ihnen einfach abgenommen. Wir haben sie mit ihren eigenen Waffen geschlagen", schwärmen sie, während Selam staunend vor der riesigen Schrotthalde steht und ein paar kleinen Jungen zusieht, die zwischen den vermoosten Kriegsfahrzeugen, wuchernden Schlingpflanzen und Avocadobäumen herumklettern. Für sie ist der Panzerfriedhof ein idealer Spielplatz.

Die Panzer wirken wie von Geisterhand übereinander gestapelt. Mit den mächtigen Stahlmonstern haben sich die sozialistischen Kämpfer Eritreas dem von den Amerikanern gestützten christlichen Äthiopien entgegengestellt und den Vormarsch des vermeintlich überlegenen Feindes nach Asmara gestoppt. Aber Eritreas Unabhängigkeit hat keine Freiheit gebracht. Die Presse wird zensiert. Auf einer Rangliste zur weltweiten Lage der Pressefreiheit der Organisation „Reporter ohne Grenzen“ steht Eritrea an letzter Stelle. Die Regierung herrscht mit eiserner Hand. Aus den damaligen eritreischen Rebellenführern sind politische Despoten geworden. Warum ist der Revolutionsführer von damals immer noch Präsident?, will ich wissen. Wieso hat es nie Wahlen gegeben? Dazu wollen sich Mebrat und Nigesti nicht äußern. Niemand tut das ungestraft in Eritrea. Die beiden mahnen zum Aufbruch. An diesem wunden Punkt wollen sie das Gespräch erst einmal beenden. Sie könnten es sich nicht erlauben, zu spät zur Arbeit zu kommen, sagen sie. Wir ziehen los. Nigesti muss ihr Baby noch bei ihrer Nachbarin abgeben. Auf dem Bau am Stadtrand von Asmara, für den sie seit ein paar Wochen eingeteilt sind, herrschen raue Sitten. Die Vorarbeiterin duldet keine Unpünktlichkeit.

Die Innenstadt von Asmara, dem Rom Afrikas, besuchen die beiden Kämpferinnen nur selten. Inmitten der schönen Frauen, die in Art-Deco-Cafés ihren mediterranen Chic zur Schau tragen, fühlen sich die Arbeiterinnen in ihrer derben Kleidung nicht wohl. Die auf dem Kontinent einzigartige italienische Architektur ist ihnen fremd. Afrikas Stadt der Moderne beherbergt das wohl größte Ensemble moderner Bauten aus den 30er-Jahren. Doch erst seit die Weltöffentlichkeit die Stadt als avantgardistisches Gesamtkunstwerk feiert und die Aufnahme ins UNESCO-Weltkulturerbe diskutiert wird, beginnen viele Eritreer, sich für die unter italienischer Besatzung entstandenen Bauwerke zu interessieren.

Während der Herrschaft Mussolinis war es ihnen untersagt, das Zentrum Asmaras, das unter dem Gebot der Rassentrennung erschaffen wurde, zu betreten.

Asmara bedeutet zwar „in Frieden leben“, aber für die beiden Arbeiterinnen ist der Alltag ein einziger Überlebenskampf. Sie verbringen ihr Leben auf Baustellen in den Au-

ßenbezirken der Stadt, wo die neuen Viertel heranwachsen. Seit ein paar Wochen schaufeln sie unermüdlich Zement und Sand und errichten Fundamente für rasant entstehende Satellitensiedlungen, die aus der Zwangsabgabe von Exil-Eritreern finanziert werden.

Die meisten dieser Häuser stehen allerdings leer und werden es wohl auch bleiben, berichtete uns ein Exil-Eritreer aus USA im Hotel, der wie zahllose andere Exilanten monatlich zwei Prozent seines Einkommens in die Heimat überweist, um seine staatsbürgerlichen Rechte zu behalten.

Wer sich nicht auf die Auslandssteuer einlässt, dem wird die Einreise in die Heimat so schwierig wie möglich gemacht. Zwar finanzieren die Gelder den Bauboom rund um Asmara, doch sind die Ressentiments gegenüber der Diaspora gewaltig. Für die ehemaligen Kämpfer spielen sich die Exilanten als Finanziers auf, während sie selbst das Land mit ihrem Leben verteidigt haben. Die eigentlichen Bauherren werden eines Tages in einer Kiste zurückkehren, heißt es in Eritrea.

Tatsächlich sind die im Ausland lebenden Eritreer so stolz auf ihr Land, dass sie sich später in Eritrea bestatten lassen wollen. Leben können sie dort jedoch nicht. Niemals könnten sie sich dem harten Regime unterordnen.

Auch die 29-jährige Nigesti schimpft auf die Exilanten. „Nur die können sich diese teuren Häuser leisten", sagt sie noch, bevor sie ihren Radlader geschickt an Ziegelpaletten und Sandhügeln vorbeirangiert. Mit ihrem Baby lebt sie in einer bescheidenen Ein-Zimmer-Wohnung. Mag die miserabel bezahlte Schufterei in Reih und Glied noch so kräftezehrend sein, Nigesti hält es für ihre patriotische Pflicht, auf dem Bau mit anzupacken, doch manchmal schaut sie sehnsüchtig auf die mediterran anmutenden Neubauten.

Eines Tages werde man die Häuser einfach übernehmen, hoffen manche Arbeitsbrigadiers insgeheim. Viel Zeit zum

R O M A

Träumen bleibt Nigesti nicht. Die Frauenkolonne braucht neuen Zement. Die Bauarbeiterinnen haben eine Kette gebildet und werfen sich die Zementeimer in Windeseile zu. Nigesti und Mebrat müssen schnellstens mehr Sand herbeischaffen. Die Vorarbeiterin treibt sie lautstark an.

Während sich die Frauen Eritreas auf dem Bau abplagen, sichern die Männer als Wachposten die Grenze zu Äthiopien. Auch jetzt in Friedenszeiten muss jeder Eritreer zwischen 18 und 50 Jahren Wehrdienst leisten. Die Wehrpflicht wird rigoros durchgesetzt. Außerdem stehen Zehntausende Demobilisierte auf Abruf bereit. Fast jeder in diesem schönen, kargen Land hat gekämpft und fast jeder definiert sich als Freedom-Fighter. Bei Razzien werden Häuser und Straßenzüge nach Deserteuren durchkämmt, die dann in Datenbanken erfasst werden. Die Familien von Deserteuren werden bestraft. Um dem Militärdienst zu entgehen, verlassen viele junge Eritreer das Land, um in Äthiopien, Europa oder den USA zu arbeiten. In keinem anderen afrikanischen Land ist der Auswanderungsanteil so hoch. Von den 3,5 Millionen Menschen leben nur 2,5 Millionen im Land selbst. Der Militärstaat hat vielen die Luft zum Atmen genommen. Mit dem Geld, das sie aus dem Ausland mitbringen, sind die Exil-Eritreer von der Regierung gern gesehene Gäste, doch mit Kritik am Militärstaat müssen sie hinterm Berg halten. Das könnte ihren Familien zum Verhängnis werden.

Mebrat und Nigesti haben kein Verständnis für Landsleute, die sich vor dem Wehrdienst drücken. „Solange der Grenzkonflikt besteht, müssen wir uns verteidigen", sagt Nigesti. „Außerdem müssen wir unser Land wieder aufbauen." Mebrat ist seit acht Jahren bei den Arbeitsbrigaden. Die Kolonnen sind ihr ganzes Leben. Meist erfährt sie sehr kurzfristig, wo sie zur Arbeit eingeteilt wird. Ihr Ehe ist daran zerbrochen. Nur ganz selten gelang es den Eheleuten zusammenzuleben und das über Jahre. Mit der Zeit verlor sich die Spur ihres Mannes irgendwo an der eritreisch-äthiopischen Grenze. Dort dient er als Soldat. Selam kann sich kaum an ihren Vater erinnern.

In ihrer Mittagspause schlendern die Freundinnen durch das stetig wachsende Wohnviertel „Sembel“ und kaufen zwei jungen Mädchen einige Kaktusfrüchte ab. Die Schülerinnen finanzieren von dem Geld ihre Schulbücher. „Die nachfolgenden Generationen sollen es einmal besser haben. Sie sollen ohne Krieg groß werden und anständig wohnen können“, meint Mebrat aus voller Überzeugung. Für die Schülerin Ruth sind Frauen auf dem Bau etwas ganz Normales. „Alle Häuser hier sind von Frauen gebaut worden“, sagt sie. „Wenn ich groß bin, will ich auch Bagger fahren.“ Sie hat ihnen oft bei der Arbeit zugeschaut. „In Eritrea haben Männer und Frauen dieselben Rechte“, erklärt Nigesti, „das ist nicht überall auf der Erde so.“ Doch das ist nicht die ganze Wahrheit. Viele der eritreischen Frauen, die im Krieg dieselben Pflichten und Rechte wie die Männer hatten, wurden bei ihrer Rückkehr von ihren Familien zurechtgestutzt und mussten sich wieder in die alte traditionelle Rangordnung fügen. Frauen, die ihre im Krieg geborenen Mädchen nicht beschnitten hatten, mussten das in Friedenszeiten nachholen. Doch darüber will Mebrat nicht sprechen. Ein unangenehmes Thema, das unsere Aufpasserin von der sozialistischen Frauenunion gleich unterbindet. Mit unserem Thema „Wiederaufbau“, das auf unserer offiziellen Drehgenehmigung stand, habe das nicht viel zu tun. Die Vorsitzende der Frauenunion werde uns gerne einen Überblick zum Thema geben.

Am Ende ihrer Schicht ist Mebrat erschöpft. „Wir Eritreer sind aber nicht unterzukriegen. Dreißig Jahre haben wir gekämpft, ohne dass uns jemand von außen unterstützt hat. Da werden wir wohl auch in Zukunft alleine klarkommen.“ Die Verbitterung ist groß: Wenn sich der Westen nicht hinter das mehrheitlich christliche Äthiopien stellen würde, hätte das Nachbarland längst den Grenzverlauf akzeptieren müssen. Davon ist sie überzeugt.

Sie versteht nicht, warum junge eritreische Schlosser, Mechaniker oder Schreiner in Addis Abeba Arbeit suchen. In Asmara sei genug Arbeit, meint sie, auch wenn sie nicht so gut bezahlt werde. In Mebrats bescheidener Wohnung, durch deren dünne, türkisfarbene Wände man das Kindergeschrei von nebenan hören kann, hängt kein einziges Bild. Nichts, was ablenkt von der großen Vision eines starken Eritrea. Nur ab und zu kann Nigesti sie zu einem gemeinsamen Filmabend in einem der herrlichen Art-Deco-Kinos von Asmara überreden. Dort tauchen die beiden redlichen Genossinnen dann für ein paar Stunden ab, zum Beispiel in die Welt der Mallet-Lokomotiven, die auf einer der schönsten Bahnstrecken der Welt schnaufend von Asmara nach Massawa ans Meer ächzen. Filme über diese alten Dampfloks lieben die beiden Frauen besonders. Auch wenn sie noch nie in ihrem Leben am Meer waren. „Immerhin haben wir diese Hafenstadt am Roten Meer“, meinen sie lächelnd. „Die Äthiopier würden alles dafür geben.“

# Leseempfehlungen

von Birgit Virnich

**Achebe, Chinua:** Okonkwo oder Das Alte stürzt. Suhrkamp Verlag, Frankfurt am Main 1983

**Achebe, Chinua:** Home and Exile. Anchor Books, New York, 2001

**Akol, Jacob:** I Will Go The Distance. The Story of a Lost Sudanese Boy of the Sixties. Paulines Publications Africa, Nairobi 2005

**Ashley, Bernhard:** Little Soldier. Orchard Books, London 1999

**Bâ, Mariama:** Ein so langer Brief: Ein afrikanisches Frauenschicksal. List Verlag, Berlin 2002

**Barley, Nigel:** Traumatische Tropen. Notizen aus meiner Lehmhütte. Deutscher Taschenbuch Verlag, München 2001

**Bonn, Guillaume:** Le Mal d'Afrique. A Journey into Old and New Africa. Empire Editions, New York 2006

**Boyle, T. C.:** Wassermusik. Roman. Rowohlt Taschenbuch Verlag, Hamburg 1993

**Bugul, Ken:** Die Nacht der Baobab. Roman. Unionsverlag, Zürich 2003

**Conrad, Joseph:** Herz der Finsternis. Roman. Deutscher Taschenbuch Verlag, München 2005

**Courtemanche, Gil:** Ein Sonntag am Pool in Kigali. Roman. Fischer Taschenbuch Verlag, Frankfurt am Main 2005

**Diallo, Kadiatou:** Mein afrikanischer Himmel. Eine Muslimin befreit sich von den Fesseln ihrer Familie. Ullstein Taschenbuch Verlag, Berlin 2006

**Diome, Fatou:** Der Bauch des Ozeans. Roman. Diogenes Verlag, Zürich 2004

**Dooling, Richard:** Grab des weißen Mannes. Roman. Hanser Verlag, München 1996

**Duke, Lynne:** Mandela, Mobutu and Me. A Newswoman's African Journey. Doubleday, New York 2003

**Emecheta, Buchi:** Zwanzig Säcke Muschelgeld. Unionsverlag, Zürich 2002

**Farah, Nuruddin:** Maps. Roman. Suhrkamp Verlag, Frankfurt am Main 2004

**Farah, Nuruddin:** Tochter Frau. Roman. btb Verlag, München 2003

**Gordimer, Nadine:** Der Ehrengast. Roman. Fischer Taschenbuch Verlag, Frankfurt am Main 1990

**Guest, Robert:** The Shackled Continent. Africa's Past, Present and Future. Pan Macmillan, London, 2004

**Hari, Daoud:** Der Übersetzer. Leben und Sterben in Darfur. Karl Blessing Verlag, München 2008

**Isegawa, Moses:** Abessinische Chronik. Karl Blessing Verlag, München 2000

**Joris, Lieve:** Das schwarze Herz Afrikas. Meine erste Reise in den Kongo. Piper Verlag, München 2004

**Kapuscinski, Ryszard:** Afrikanisches Fieber. Erfahrungen aus vierzig Jahren. Eichborn Verlag, Frankfurt am Main 1999

**Keitetsi, China:** Sie nahmen mir die Mutter und gaben mir ein Gewehr. Mein Leben als Kindersoldatin. Ullstein Taschenbuch Verlag, Berlin 2002

**Kitereza, Aniceti:** Der Schlangentöter. Peter Hammer Verlag, Wuppertal 1993

**Kitereza, Aniceti:** Die Kinder der Regenmacher. Peter Hammer Verlag, Wuppertal 2008

**Lessing, Doris:** Afrikanische Tragödie. Roman. Fischer Taschenbuch Verlag, Frankfurt am Main 2004

**Mankell, Henning:** Der Chronist der Winde. Roman. Deutscher Taschenbuch Verlag, München 2007

**Mankell, Henning:** Tea-Bag. Roman. Zsolnay Verlag, Wien 2003

**Meredith, Martin:** The State of Africa. A History of Fifty Years of Independence. Free Press, London 2006

**Mwangi, Meja:** Nairobi, River Road. Unionsverlag, Zürich 1997

**Mwangi, Meja:** Die Wilderer. Unionsverlag, Zürich 2001

**Naipaul, V. S.:** An der Biegung des Großen Flusses. Roman. List Verlag , Berlin 2001

**Neate, Patrick:** Musungu Jim and the Great Chief Tuloko. Penguin Books, London 2000

**Ngugi wa Thiong'o:** Wizard of the Crow. Vintage Books, London 2007

**O'Hanlon, Redmond:** Kongofieber. Deutscher Taschenbuch Verlag, München 2000

**Raharimanana, Jean-Luc:** Haut der Nacht. Erzählungen aus Madagaskar. Horlemann Verlag, Bad Honnef 1997

**Saro-Wiwa, Ken:** Sozaboy. Roman. Deutscher Taschenbuch Verlag, München 1997

**Soyinka, Wole:** Aké – Jahre der Kindheit. Roman. Ammann Verlag, Zürich 2003

**Soyinka, Wole:** Isarà. Eine Reise rund um den Vater. Ammann Verlag, Zürich 1994

**Soyinka, Wole:** Der Mann ist tot. Aufzeichnungen aus dem Gefängnis. Ammann Verlag, Zürich 1987

**Tansi, Sony Labou:** Die tödliche Tugend des Genossen Direktor. Verlag Kiepenheuer & Witsch, Köln 1985

**Tayler, Jeffrey:** Facing the Congo. Abacus Books, London 2000

**Vassanji, M. G.:** The In-Between World of Vikram Lall. Doubleday Canada, Toronto 2003

**Wek, Alek:** Nomadenkind. Das außergewöhnliche Leben eines Topmodels. Fischer Taschenbuch Verlag, Frankfurt am Main 2008

**Wiwa, Ken:** In the Shadow of a Saint. A Son's Journey to Understand His Father's Legacy. Doubleday, London 2000

**Wrong, Michaela:** Auf den Spuren von Mr. Kurtz. Mobutus Aufstieg und Kongos Fall. Verlag Klaus Bittermann, Berlin 2002

**Wrong, Michaela:** I Didn't Do It for You. How the World Betrayed a Small African Nation. Harper Collins, London 2005

1. Auflage 2010

www.a1-verlag.de

Satz: Fotosatz Kretschmann GmbH, Bad Aibling
Afrikakarten und Litho: Kochan & Partner GmbH, München
Typographie, Umschlagentwurf und Gestaltung: Konturwerk, Herbert Woyke
Titelmotiv: „Fishermen standing in boats on River Niger", Foto von Emile Luider/getty images
Druck und buchbinderische Verarbeitung: CPI – Ebner & Spiegel, Ulm
Papier Innenteil: 90 g/m² Schleipen Werkdruck bläulich weiß
Papier Schutzumschlag: 135 g/m² Bilderdruck weiß hochglänzend
Überzug: 120 g/m² Efalin Feinleinen hellblau von Schabert
Papier Vor- und Nachsatz: 135 g/m² Surbalin linea karminrot von Peyer
Gesetzt aus der 11,8/13,6 Punkt Arno Pro regular
Printed in Germany
ISBN 978-3-940666-14-7

Bildnachweis: Martin Fischer (Seite 68, 184, 190), Michael Kraus (Seite 33, 54, 56, 127), Herbert Ostwald (Seite 42, 48, 80, 110, 112, 136, 138), Juliana Ruhfus (Seite 168, 172), Jenny Schenk (Seite 14, 88, 158, 184, 190, 204), Christian Vith (Seite 214, 216)